Stefanie Wally

# AKTE LUFTBALLON

## Zwei Freundinnen, die Mauer, eine wahre Geschichte

Mit Fotos, Originalbriefen und -dokumenten

ELISABETH
SANDMANN

# Inhalt

Für Anke
in Freundschaft und Dankbarkeit

Ein kleiner gelber Luftballon,

der Grenzen überwindet –

Grenzen in den Köpfen der Menschen,

die durch ihn zueinandergefunden haben.

Ein kleiner gelber Luftballon,

der für zwei Mädchen in einem geteilten Land

zum Schicksal ihres Lebens wurde.

Ein kleiner gelber Luftballon

schreibt Geschichte.

Unsere Geschichte.

Hast du etwas Zeit für mich

dann singe ich ein Lied für dich

von 99 Luftballons

auf ihrem Weg zum Horizont

denkst du vielleicht grad' an mich

dann singe ich ein Lied für dich

von 99 Luftballons

und dass so was von so was kommt ...

*Nena*

„Und dass so was von so was kommt", hätte ich mir nicht träumen lassen, als ich 1977 keine 99, sondern einen Luftballon auf die Reise schickte. Denn damit begann die Geschichte einer bedingungslosen, lebenslangen Freundschaft. Unsere Geschichte ist die zweier Mädchen in West und Ost. Keine politischen Umstände, keine Regierung, kein System konnte uns daran hindern, einander nahe zu sein, auch wenn eine Mauer zwischen beiden deutschen Staaten uns trennte und wir uns lange Zeit nur aus unseren Briefen kannten. Diese persönliche deutsch-deutsche Geschichte bewegt mich bis heute. Und mit größer werdendem zeitlichem Abstand zur Historie haben sich auch die Erinnerungen intensiviert. Was wir erlebt und geteilt haben, hat uns zusammengeschweißt und uns zu Schwestern gemacht. Schwestern fürs Leben.

Ich wurde 1971 geboren. Ich habe meine Kindheit und Jugend im westlichen Teil des damals noch geteilten Deutschlands verbracht, eines Provisoriums, das wir BRDeutschland nannten. Und dann war da dieses andere sechsjährige Mädchen, das in dem zweiten deutschen Staat lebte, der DDR. Wie viel verband uns – wie viel trennte uns! Und doch haben wir es als Kinder des Kalten Krieges geschafft, eine Freundschaft aufzubauen und sie über Jahre hinweg, in Zeiten ohne Internet und Smartphone, zu erhalten – bis heute.

Der Brief war damals unser erstes und einziges Kommunikations- mittel, sieht man von den wenigen Telefonaten ab, die zwischen 1977 und 1989 möglich waren. Die Briefe meiner Freundin Anke, die im Original erhalten sind und, aufbewahrt in einem Schuhkarton, mich seit Jahren begleiten, sind ein großer Schatz, der nun gehoben wird: Sie stehen als historische Quelle und als Verbindungselement im Fokus dieses Buchs und werden originalgetreu wiedergegeben.

Unsere deutsch-deutsche Freundschaft ist aber auch erzählte Ge- schichte. Sie hält die Erinnerung einer Generation wach, die sich jetzt in der Mitte ihres Lebens befindet – und die ihr Leben in zwei histo- rischen Wirklichkeiten verbracht hat. Die alte Bundesrepublik vor 1990 ist nicht dieselbe wie das Deutschland nach der Wende. Und die DDR gab es nach 1990 nicht mehr. Mit dem Mauerfall 1989 hat das deutsche Volk Geschichte geschrieben, aber der Jubel darüber scheint in Vergessenheit geraten zu sein, und auch die Wiedervereini- gung als *das* Jahrhundertereignis liegt so weit hinter uns, dass wir sie fast aus den Augen verloren haben.

Damit vergessen wir auch allzu häufig, wie die Menschen auf beiden Seiten der Mauer gelebt haben, wie sie aufgewachsen sind, sozialisiert wurden, was sie geprägt hat, was sie ausmachte. Und neben dem

Schmerz darüber, was uns trennte, vergessen wir auch, was uns verband. Erinnert euch, möchte ich in die Welt hinausrufen, wenn angesichts großer gesellschaftlicher Herausforderungen der Ruf nach neuen Mauern laut wird, die wir friedlich überwunden glaubten.

„Akte Luftballon" ist aus dem Blickwinkel eines westdeutschen Mädchens geschrieben, das ich nun einmal war – und nur aus dieser Sicht kann ich authentisch schreiben –, es findet sich dennoch weder eine einseitige Betrachtung des bundesdeutschen Systems noch eine Verharmlosung der DDR-Diktatur. Wer gar ostalgische oder westalgische Mentalitäten erwartet, wird enttäuscht werden.

Dieses Buch ist der Versuch, ein Verständnis zu entwickeln für eine Situation, die die Generation Y und die nachfolgenden Generationen nur noch aus Geschichtsbüchern kennt und kennenlernen wird. Jenen jungen Menschen möchte ich diese Geschichte mit auf den Weg geben: Ihr, die ihr verantwortungsvoll Zukunft gestalten wollt, erhaltet unsere Freiheit in Europa, die wir so lange ersehnt und für die so viele Menschen in Ost und West ihr Engagement und mitunter ihr Leben in die Waagschale geworfen haben.

Folgen Sie der Reise des kleinen gelben Luftballons und lassen Sie sich anstecken von dem Grenzen überwindenden europäischen Freiheitsgedanken, an den ich glaube und der wegweisend war, ist und sein wird für eine friedliche Zukunft.

Karlsruhe, im August 2016

# WIR SCHREIBEN UNS –
## GLÜCKLICHE KINDERZEIT

### Ein Luftballon fliegt in die Welt – 20. März 1977

„Bitte, bitte, darf ich auch einen Luftballon wegschicken?" Verzweifelt, wie nur sechsjährige Mädchen schauen und betteln können, flehte ich meine Mutter an.

Es war schon schlimm genug, nicht selbst laufen zu können, sondern ständig getragen werden zu müssen, weil ich mir das Bein gebrochen hatte und es nun vollständig unter einem überdimensionierten Gips verschwunden war. Ich war schließlich sechs Jahre alt – und mit sechs Jahren wollte man alles, nur nicht getragen werden. Außerdem war es an diesem Märzsonntag ungewöhnlich heiß und die Stelle an meinem Oberschenkel, an dem der Gips sich bösartig in mein Fleisch fräste, juckte und kratzte so sehr, dass ich es schnell leid war, mir den Sommertagsumzug, der wie jedes Jahr zu Ehren des Frühlingsanfangs durch die Gemeinde zog, anzusehen. Mit *gelaufen* wäre ich gern, stattdessen aber fristete ich auf dem Arm meines Vaters ein ödes Dasein, während meine Cousins und Cousinen hin und her sprangen, sich mit Sommertagsstecken jagten, die gefühlt so groß waren wie ich, meine Tan-

ten und meine Großmutter sich den
neuesten Klatsch der Nachbarin von
gegenüber erzählten und meine Kin-
dergartenfreunde winkend an mir
vorbeizogen ... Und ich passiv, meiner eigenen Möglichkeiten beraubt,
auf dem Arm meines Vaters.

*Der Beinbruch*

Gott sei Dank hatte ich meine
Familie irgendwann dazu bringen
können, nicht nur am Seitenrand
desinteressiert dem Geschehen des Umzuges zu folgen, sondern sich
zum Platz in der Dorfmitte zu bewegen, auf dem eine Art kleiner
Jahrmarkt stattfand. Und weil ich durch die Einschränkung meiner
Bewegungsfreiheit und in meiner erhabenen Position als Einzige wirklich intensiv beobachten konnte, entdeckte ich ihn: den netten kleinen
Luftballonmann. Er war geschminkt wie ein Clown und verlor sich
fast zwischen dem ganzen Rummel, der um ihn herum passierte. Ich
mochte ihn. Mit seiner leicht abwesenden Art war er geradezu ein
Schicksalsgefährte. Und er hatte diese vielen bunten Luftballons, die,
wie ein bunter Frühlingsstrauß zusammengebunden, an ihren Schnü-
ren in die Lüfte ragten. In diesem bunten Potpourri, dessen Flattern
im Wind ich meditativ zusah, entdeckte ich den einen kleinen quietsch-
gelben Ballon, von dem ich mir einen Moment einbildete, er lächelte
mich an. Dieser Ballon, das spürte ich intuitiv, war für mich bestimmt.
Ihn wollte ich haben. Und wenn ich etwas haben wollte, dann konnte ich unerbittlich sein.

„Mami, bitte, bitte, darf ich auch einen Luftballon wegschicken?"

„Nun erfüll dem Kind doch seine Bitte, schließlich muss die Kleine den ganzen Tag getragen werden", hörte ich die verständnisvolle
Stimme meiner Tante, die ich dankbar mit meinen immer größer
werdenden Rehaugen anblickte.

Meine Mutter war bereits wieder ins Gespräch vertieft, ich war mir nicht einmal sicher, ob sie die Bestimmtheit meines Wunsches realisierte. Da ich auf dem Arm meines Vaters hing, beschloss ich daraufhin, bei ihm in die Offensive zu gehen.

„Papi, Papi, ich möchte so gerne einen Luftballon haben."

Hier hatte ich den Vorteil, dass mein Vater durch den Schmerz, den ich ihm mit jeder meiner Bewegungen zufügte, sofort registrierte, dass ich etwas von ihm wollte. Ich wiederholte mit noch dramatischerem Tonfall meine Bitte.

„Aber Kind, der Luftballon ist mit Gas gefüllt und fliegt dann in den Himmel, den kannst du nicht behalten!"

Dachte er wirklich, dass es mir nur darum ging, einen Luftballon zu besitzen? Ich war ein Vorschulkind und wusste, worauf ich mich einließ! Ich wollte diesen kleinen gelben Ballon gar nicht besitzen. Ich wollte ihn freilassen!

Nachdem ich meinem Vater etwas beleidigt erklärt hatte, dass ich durchaus wusste, worum es hier ging, ließ er sich erweichen und wir gingen auf den lieben Clown zu. Der Clown stellte sich als äußerst neugierig heraus, wollte alles wissen über meinen Beinbruch, bis wir endlich zur entscheidenden Frage kamen: „Welcher darf es denn sein, kleine Lady?"

„Ich möchte gerne den kleinen gelben in der Mitte", entgegnete ich ihm höflich, aber deutlich genug, woraufhin er meinem Vater attestierte, ein „recht selbstbewusstes Mädchen" zu haben.

„Kannst du denn schon schreiben?"

Was sollte denn nun diese Frage?

„Sie kann schon ihren Namen schreiben, aber sie kommt ja auch im Sommer in die Schule", antwortete mein Vater nicht ohne einen gewissen Stolz in der Stimme.

„Warum?", wollte ich dann doch wissen.

„Na, an den Luftballon hängen wir eine Karte, auf die schreibst du deine Adresse und einen Gruß. Wer weiß, wo der Ballon landet, wenn du ihn gleich fliegen lässt. Und wenn du Glück hast, findet ihn jemand und du bekommst in ein paar Tagen Post."

Meine Stimmung hob sich schlagartig. Das war ja noch großartiger, als ich gedacht hatte. Mein Luftballon brachte vielleicht noch einem anderen Menschen viel Freude – das gefiel mir. Da ich tatsächlich noch nicht schreiben konnte und mein Vater alle Hände voll mit mir zu tun hatte, übernahm meine Tante das Sekretariat. Ich diktierte ihr feierlich:

20.3.1977

Bin 6 Jahre alt, habe zur Zeit das Bein gebrochen, würde mich freuen, wenn ich Antwort bekäme.
Stefanie

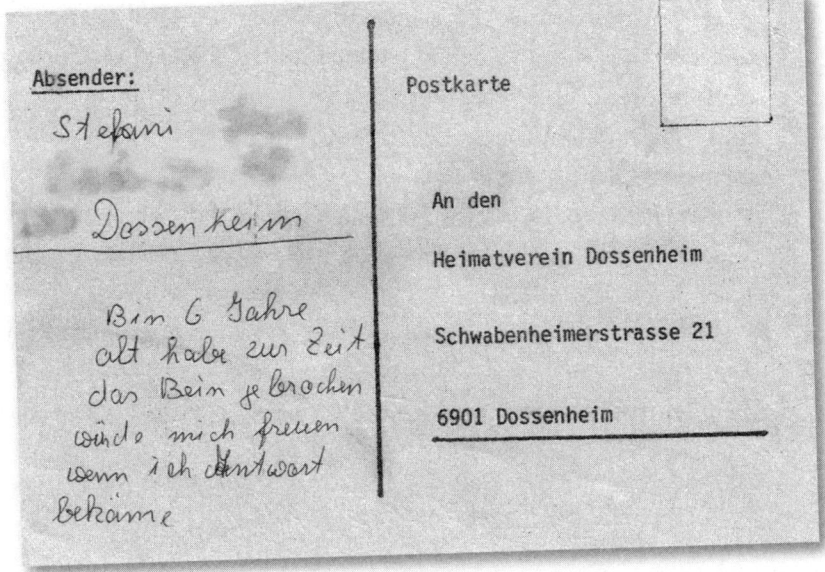

Der entscheidende Moment rückte näher. Der Luftballonclown knotete die kleine rosafarbene Karte an die Schnur meines gelben Ballons und zog diesen aus dem großen bunten Strauß heraus. Er übergab mir die Schnur, nicht ohne eine Mahnung, den Ballon noch nicht loszulassen und auf den passenden Moment zu warten.

Ehrfurchtsvoll und glücklich hielt ich meinen Ballon in der Hand. Ich wusste, er würde mir Glück bringen.

Ich wusste nicht, dass er mir eine Freundin fürs Leben schenken würde.

Dann ließ ich los.

## Überraschende Post trifft ein – Ende März 1977

Mein Beinbruch hatte natürlich auch seine guten Seiten. War man als Einzelkind ohnehin schon die geliebte Prinzessin, stieg man durch die missliche Situation zur Königin auf. Mein Wunsch – mein Befehl! Meine Großmutter, die am Vormittag auf mich aufpasste, während meine Eltern zur Arbeit gingen, las mir quasi jeden Wunsch von den Augen ab und so war der stetig juckende Gips gerade noch zu ertragen. Mittlerweile war er auch schön bunt geworden, denn ich ließ auf ihm ein Kunstwerk entstehen: Alle Menschen in meinem Umfeld durften und sollten sich auf meinem Gips verewigen. Und so saß ich mit meinem kleinen Picasso am Bein entspannt auf dem Bett, als ich Mutters Schlüssel im Schloss hörte. Anders als sonst hörte man aber keinen Laut, bis sie plötzlich fast unhörbar vor sich hinmurmelte: „Das gibt's doch nicht!"

„Maria, alles in Ordnung?", rief meine Großmutter und blickte mich fragend an.

Und dann stand meine Mutter strahlend in der Tür, als wäre sie das Christkind persönlich.

„Mama, was ist los?", fragte ich neugierig, nichtsahnend, mit welcher Überraschung sie in einigen Sekunden aufwarten konnte.

„Ihr ahnt nicht, was ich hier in der Hand halte."

Meine Mutter liebte die Inszenierung und in den meisten Fällen gelang sie ihr auch bravourös.

„Einen Brief", entgegnete ich souverän.

„Ja, mein Schatz, aber dies hier ist ein ganz besonderer Brief – und er ist für dich!"

Geheimnisvoll setzte sie sich an die Bettkante und zwinkerte meiner Großmutter zu, die wie ich keine Ahnung hatte, welch besonderer Brief *mir* zuteilwerden sollte.

„Für mich? Und der kam so richtig mit der Post?"

Nun wurde ich langsam ungeduldig.

„Ja, ‚so richtig mit der Post'! Und er kommt von weit her!"

Ich konnte es kaum mehr erwarten und wollte meiner Mutter den Brief aus der Hand reißen.

„Nun gib ihn mir doch bitte, Mama!"

„Moment, junge Dame! Hast du denn gar keine Ahnung, warum du einen Brief bekommen könntest?"

Ich blickte zu meiner Großmutter, die nur ahnungslos mit den Schultern zuckte.

„Na ja, ich weiß nicht, müsste ich denn wissen, woher der Brief kommt?"

„Wenn du ganz scharf nachdenkst, kommst du drauf."

Meine Mutter machte immer noch keine Anstalten, mir den Brief endlich in die Hand zu drücken. Ich begann nachzudenken. Wer sollte mir einen Brief schreiben? Ich konnte doch noch gar nicht lesen. Und ich selbst hatte bisher nur meinen Namen unter eine gebastelte Karte oder ein gemaltes Bild geschrieben. Die Empfänger meiner kleinen Werke saßen zum Großteil an meinem Bett – nur Papa fehlte.

„Ich gebe dir einen Tipp: Er war klein und gelb und du hast keine Ruhe gegeben ..."

„Der Luftballon!", unterbrach ich freudestrahlend meine sich mitfreuende Mutter. „Es hat ihn wirklich jemand gefunden? Wer, woher ...“

Nun konnte ich es nicht mehr aushalten und riss meiner Mutter den Brief aus der Hand. Die Enttäuschung folgte stehenden beziehungsweise liegenden Fußes. Ich konnte ja gar nicht lesen, woher und von wem der Brief kam.

In dem Briefumschlag befand sich zum einen die rosafarbene Karte, die an meinem Ballon befestigt war, sowie ein Brief, dessen Blatt nicht ganz weiß war, sondern eher etwas verwaschen aussah. Ich faltete den Brief auseinander und entdeckte Kinderbriefpapier.

Gezeichnete kleine Mädchen und Jungen brachten Geschenke, einen Blumenstrauß, einen Brief. Das Papier gefiel mir auf Anhieb. Als ich auf die Schrift sah, die ich zwar nicht lesen konnte, war mir aber sofort klar, dass dieser Brief ebenfalls von einem Kind stammen musste. Meine Neugier kannte keine Grenzen mehr. Meine Mutter lächelte mich an und erlöste mich endlich von meinem Sehnen und las:

Dennschütz, 23.3.1977

Liebe Stefanie,
mein Opa fand den Luftballon heute, am 23.3.77, auf einem Feld bei unserem Dorf. Es ist erstaunlich, welchen weiten Weg der Luftballon in drei Tagen zurückgelegt hat. Ich wohne in Dennschütz bei Lommatzsch, Kreis Meißen. Ich bin 6 Jahre alt und gehe in das erste Schuljahr. Mein Bruder ist sieben Jahre alt. Für Dein gebrochenes Bein wünsche ich Dir gute Besserung. Über einen Brief von Dir würde ich mich sehr freuen.
Alles Gute und viele Grüße von Anke

DDR Dennschütz, Kreis Meißen

Dennschütz 23.3.

Liebe Stefani!
Mein Opa fand den Luft-
ballon heute, am 23.3.77,
auf einem Feld
bei unserem Dorf. Es ist
erstaunlich, welchen
weiten Weg der Luftballon
in 3 Tagen zurückgelegt
hat. Ich wohne in Denn-
schütz bei Lommatzsch

Ankes erster Brief

Meiner Großmutter standen vor Rührung Tränen in den Augen.

„Das ist ja toll! Der Luftballon ist bei einem Mädchen gelandet, das genauso alt ist wie du.“

„Können wir sie besuchen gehen?“, fragte ich, während ich bereits mit dem Ausmalen der Figuren auf dem Brief beschäftigt war.

„Das wird schwierig werden“, entgegnete meine Mutter.

„Wieso? Ist dieses Dennschütz so weit weg?“

„Ich weiß nicht genau, wo Dennschütz liegt, aber eines ist klar, dein kleiner Luftballon ist ziemlich weit geflogen.“

„Aber wenn du doch gar nicht genau weißt, wo Dennschütz ist, können wir doch erst mal schauen und dann im Urlaub hinfahren.“

„Ich weiß nicht genau, wo der Ort liegt, aber ich weiß, in welchem Land Dennschütz liegt. Und da können wir nicht so ohne Weiteres Urlaub machen.“

Meine Großmutter nahm den Briefumschlag und rief voller Erstaunen aus:

„DDR? Der Luftballon ist bis in die DDR geflogen?“

„Ja, unglaublich, nicht? In drei Tagen.“

Ich sah die beiden verständnislos an.

„DDR? Was ist DDR?“

„Die DDR, mein Schatz, ist ein Land.“

„So wie Deutschland?“

Meine Mutter und meine Großmutter kamen ins Stocken. Ich spürte, dass sie mir nicht so richtig erklären konnten, was es mit dieser DDR auf sich hatte.

„Die DDR ist quasi auch Deutschland.“

Ich legte meine Stirn in Falten. Ich schien die beiden in echte Erklärungsnot zu bringen.

„Pass auf, ich hole jetzt einen Atlas und dann werde ich dir erklären, was das Besondere an dem Land ist, in dem deine neue Brieffreundin wohnt.“

Als meine Mutter mit dem Atlas zurückkam, waren sowohl meine Großmutter als auch ich gespannt auf ihre Erklärungen.

Sie suchte einen Moment lang auf der Karte ... „Siehst du, hier, hier wohnen wir. Im Südwesten der Bundesrepublik Deutschland. Und hier, da im Osten, ist Meißen in der DDR, dort in der Nähe lebt Anke. Das sind sicher fast 500 Kilometer."

„Wow, das sieht wirklich weit aus – dass der Luftballon das in drei Tagen geschafft hat! Ich wusste, das ist ein toller Ballon."

„Das Land, in dem deine Freundin lebt, heißt DDR, Deutsche Demokratische Republik. Früher waren die Bundesrepublik und die DDR mal ein Land: Deutschland. Aber nach dem Krieg wurde das Land geteilt und nun gibt es quasi zwei Deutschlands, verstehst du?"

Nein, ich verstand nicht.

„Wie geteilt? Und warum?"

„Das ist eine sehr lange Geschichte."

„Ich hab Zeit!"

Das stimmte; endlich wurde es mit meinem öden Beinbruch interessant. Ich liebte es, wenn meine Mutter und meine Großmutter mir von früher erzählten.

„Weißt du, Deutschland hat einen furchtbaren Krieg begonnen, weil der Mann, der Deutschland damals regierte, nicht nur über Deutschland herrschen wollte, sondern über die ganze Welt."

„Das haben sich die anderen Länder aber nicht gefallen lassen, oder?"

„Na ja. Die anderen haben Adolf Hitler, so hieß der Mann, erst einmal unterschätzt. Und dann hat er einen furchtbaren Weltkrieg begonnen, in dem Millionen Menschen gestorben sind. Die anderen Länder zusammen waren aber stärker und Deutschland hat schließlich den Krieg verloren. Die Sieger waren sich einig, dass so etwas nie wieder passieren dürfte, und deshalb haben sie Deutschland in sogenannte Zonen geteilt."

„Zonen?"

„Ja, vier Zonen, die jeweils von einem der Sieger des Weltkrieges besetzt waren."

„Zu welcher Zone gehörten wir?"

„Wir gehörten zur amerikanischen Zone."

„Ich erinnere mich genau", begann nun auch meine Großmutter, „als die amerikanischen Soldaten ins Dorf kamen. Sie waren sehr freundlich und brachten deiner Mutter sogar Schokolade mit."

Beide sahen sich an und machten eine kleine Pause.

„Wenn es vier Zonen gab, müsste es doch dann ..." – ich zählte an meinen Fingern ab, bis ich bei vier angelangt war, „... vier Länder geben. Warum gibt es nur zwei?"

„Mein schlaues Mädchen! Also drei Länder, nämlich die USA, Frankreich und England waren sich einig. Das sind die Zonen, in denen die Bundesrepublik gegründet wurde, also das Land, in dem wir heute leben. Und in der Sowjetzone entstand die DDR."

„Mama, aber ich verstehe immer noch nicht, warum wir Anke nicht besuchen können. Wir können doch einfach über die Grenze fahren, so wie wir nach Österreich in Urlaub fahren. Da fahren wir doch auch über eine Grenze."

„Das ist leider nicht so einfach."

Meine Oma merkte, dass meine Mutter irgendwie nicht so richtig wusste, wie sie mir meine Fragen beantworten sollte, und übernahm: „Damals, nach ein paar Jahren, Anfang der 60er-Jahre, als dein Papa und deine Mama heirateten, gab es viele Menschen aus der DDR, die das Land verlassen haben, weil es ihnen nicht so gut ging. Daraufhin hat die Regierung dort eine Mauer gebaut und es den Menschen verboten, in den anderen, unseren Teil Deutschlands zu fahren."

„Eine Mauer? Eine richtige Mauer? Konnte man da nicht drüberspringen?"

„In Berlin gibt es wirklich eine richtige Mauer und die ist so hoch, über die kann man nicht einfach springen. Außerdem passt jemand auf, dass es niemand erst versucht. Und auch sonst ist die Grenze mit Soldaten gesichert."

„Und was machen die, wenn man es trotzdem versucht?"

Wieder warfen sich die beiden erwachsenen Frauen Blicke zu, die nichts Gutes verhießen.

Zonengrenze mit Mauer am Brandenburger Tor

„Stefanie, das wäre lebensgefährlich", sagte meine Großmutter mit leiser Stimme.

Ich schaute sie drängend an. Schließlich gab sie nach, aber was sie antwortete, ließ mir das Blut in den Adern gefrieren.

„Es haben schon Menschen versucht, aber die meisten von ihnen wurden ...", es fiel ihr sichtlich schwer, mir dies zu erklären, „... getötet oder ins Gefängnis gesteckt."

Ich schwieg. Damit hatte ich nicht gerechnet. Plötzlich kam mir eine Idee: „Aber nur, weil sie von dort nicht über die Mauer zu uns darf, heißt das doch nicht, dass wir nicht zu ihr können. Oder dürfen wir das von unserer Seite auch nicht?"

„Das ist zwar mittlerweile möglich, aber ziemlich schwierig", übernahm nun wieder meine Mutter.

„Für meinen Luftballon war es aber nicht schwierig!"

„Nein, der Luftballon macht sich nichts aus Grenzen. Der kann darüber hinwegfliegen – und deiner ist bei Ankes Großvater im Feld gelandet. Was ist, wollen wir Anke zurückschreiben?"

„Oh ja, Mama, schreibst du es auf, wenn ich dir sage, was ich schreiben will?"

„Aber sicher, das machen wir."

Und so schrieb meine Mutter nach meinem Diktat den ersten

richtigen Brief an meine neue Brieffreundin. Ich erzählte Anke davon, dass ich mich darauf freute, bald in die Schule zu kommen, beschrieb ihr, wie mein Zimmer aussah und dass ich ganz nah an einem Spielplatz wohnte, auf dem man wunderbar auf die Obstbäume klettern konnte, die dort um den Sandkasten herum standen. Dann legten wir noch ein Bild von mir dazu, das der Fotograf im Kindergarten von uns gemacht hatte, steckten alles in einen Umschlag, klebten eine 50-Pfennig-Briefmarke darauf und ab ging es zur Post. Es dauerte einige Wochen, bis wieder ein Brief von ihr eintraf, was ich jedes Mal kaum erwarten konnte.

Der Schrift nach zu urteilen, hatte auch ihre Mutter beim Schreiben geholfen, aber das sollte sich ein Jahr später ändern. Während ich noch Schwierigkeiten hatte und weiterhin meine Mutter als „Sekretärin" brauchte, schrieb Anke bereits selbst. Und wie schön sie schrieb! Ich wollte auch so schnell wie möglich schreiben lernen, genauso schön wie sie!

Nach einem weiteren Jahr und drei bis vier Briefen unserer Mütter war es dann so weit: Ich verfasste meinen ersten selbst geschriebenen Brief.

## Wir packen ein Weihnachtspaket – Dezember 1979

„Stefanie, hast du schon Flöte geübt?" Die Stimme meiner Mutter drang durch das ganze Haus.

„Mach ich gleich."

„Nicht gleich, sondern jetzt!"

„Geht nicht, ich schreibe gerade noch an Anke."

„Aber wenn ich in einer halben Stunde nichts höre ..."

„Jaaaaaa."

Prinzipiell fand ich das Flötespielen ja gar nicht so übel – wenn diese „Überei" nicht wäre. Und nun stand die Weihnachtsfeier der Klasse an, auf der ich vorspielen sollte. Also tat ich alles, um das Üben noch ein wenig hinauszuzögern. Das war so ähnlich wie bei den Haus-

Stefanie

Anke

aufgaben. Deshalb war es mir geradezu ein Vergnügen, Anke zu erzählen, wie wir Weihnachten feierten. Mit dem Selbstschreiben klappte es mittlerweile schon ganz gut, obwohl es immer ziemlich lange dauerte. Ich musste mir dafür einen ganzen Mittag lang Zeit nehmen, denn erst überlegte ich mir, worüber ich schreiben wollte, und dann kam die Formulierung. Ich wollte auf gar keinen Fall zu viele Wörter wieder durchstreichen, und einen Killer durfte ich noch nicht benutzen – so war es mir jedenfalls in der Schule gesagt worden.

In ihrem letzten Brief hatte Anke mir von ihren Weihnachtswünschen berichtet. Wenn ich es richtig verstanden hatte, lebte sie auf einer Art Bauernhof mit vielen Tieren. Ihr Bruder wünschte sich eine Häsin zu Weihnachten und sie selbst ein Aquarium. In Sachen Haustiere hatte ich meine Eltern lediglich von einem Wellensittich überzeugen können. Hansi war okay, aber leider auch furchtbar langweilig. Ich hätte lieber eine Katze gehabt oder ein Meerschweinchen. Ich war nämlich völlig vernarrt in unser Klassentier, ein Meerschweinchen mit Namen Ifix. Ifix war unglaublich süß. In den Ferien durfte immer ein Kind Ifix mit nach Hause nehmen. Ich kam aber irgendwie nie dran. War vielleicht auch besser so. Sonst wäre es ihm eventuell so gegangen wie der Petersilie in unserem Schulgarten: Ich war für sie zuständig, aber leider ging sie ziemlich schnell kaputt. Ich war ein bisschen traurig und mir war es natürlich nicht egal, aber es hatte Gott sei Dank auch keine weiteren Folgen für mich. Für Anke und ihren Schulgarten wäre das richtig schlimm gewesen, denn die Pflanzen dort waren für die Schulspeisung oder den Verkauf in der Kaufhalle gedacht.

Nun stand also Weihnachten vor der Tür, und das war immer etwas Besonderes in unserer Familie. Es war die Zeit im Jahr, auf die ich mich am meisten freute. Es begann schon im November mit Plätzchenbacken, das Haus wurde weihnachtlich geschmückt und dann kam die Schnüpperle-Zeit: Die 24 Geschichten rund um Weihnachten begleiteten mich seit meinem dritten Lebensjahr durch den Advent.

Mit dem kleinen Schnüpperle durchlebte ich allerhand Abenteuer. Und seit ich endlich selbst lesen konnte, kuschelte ich mich abends mit dem Buch ins Bett und tauchte in meine andere, ganz eigene Welt ein. Von diesem Gefühl wollte ich Anke schreiben.

Dossenheim, Dezember 1979

Liebe Anke!

Ich freue mich schon sehr auf Weihnachten, denn für mich ist der Heilige Abend nach meinem Geburtstag der schönste und aufregendste Tag des Jahres.

Es beginnt schon am Abend davor, am 23. Dezember. Meine Eltern schmücken dann den Weihnachtsbaum. Ich darf nie dabei sein, denn der geschmückte Baum ist ja immer schon mein erstes Geschenk an Heiligabend. Damit ich nicht spicke, wird das Wohnzimmer abgeschlossen. Ich frage mich schon, welche heiligen, heimlichen Dinge da am 24. Dezember ablaufen. Kommt das Christkind dann schon vorher und hilft? Was passiert da bloß?

Ich bin dann immer ganz schrecklich aufgeregt. Nach dem Frühstück helfe ich Oma mit den Essensvorbereitungen, wir spielen noch ein wenig zusammen und dann kann ich es kaum mehr erwarten. Das Christkind kommt meistens so um fünf Uhr mittags. Es klingelt dann immer mit einem Glöckchen. Weißt Du, ich glaube ja schon nicht mehr so richtig an das Christkind, aber wer bringt denn sonst die vielen tollen Geschenke, die immer unter dem Weihnachtsbaum liegen? Leider war ich bis jetzt immer zu langsam, um es noch zu erwischen. Unser Tannenbaum ist auf jeden Fall immer sehr schön.

Meistens singen wir noch ein paar Lieder oder ich muß Flöte spielen. Dann wird die Weihnachtsgeschichte gelesen und dann endlich darf ich meine Geschenke auspacken. Manchmal konnte

ich es schon vorher erkennen, so z. B. meine ersten paar Ski oder meine beiden Puppen, die das Christkind geholt hatte, um sie neu anzuziehen. Beim Essen bin ich dann meistens gar nicht bei der Sache. Ich will mich doch viel lieber mit meinen Geschenken beschäftigen. Außerdem muß ich fit bleiben, denn wir gehen ja alle zusammen noch in die Mitternachtsmesse. Dort schlafe ich dann meistens fast ein – nicht weil es mich nicht interessiert, aber es ist einfach so spät. Ich wünsche mir dieses Jahr eine Eisenbahn, ein Monopoly-Spiel, Puppenkleider, ein Puppenhaus, eine Barbie, einen Roller für die Barbie, Schlümpfe und einen Monchichi.

Es grüßt Dich Deine Stefanie

„Stefanie?"

Oh nein, ich hatte es befürchtet! Ich ergoss mich so in meinem Weihnachtsbrief, dass ich das Flötespielen völlig vergessen hatte – im Ernst. Ich bemerkte nicht einmal, dass meine Mutter im Türrahmen stand.

„Na, du bist ja fleißig beim Briefeschreiben", schmunzelte meine Mutter, „was schreibst du ihr denn?"

„Ich habe ihr von Weihnachten geschrieben. Meinst du, bei Anke feiert man auch Weihnachten so wie bei uns?"

„Hm, ich glaube nicht. Weihnachten ist in der DDR nicht so ein bedeutendes Fest. Es ist auch ziemliches Glück, einen schönen, gut gewachsenen Tannenbaum zu bekommen."

„Wirklich? Wachsen die Bäume in der DDR nicht so schön?"

„Doch, natürlich. Aber es werden nicht viele gefällt und verkauft. Und unter denen, die verkauft werden, gibt es viele, die – sagen wir – eher nicht so schön gewachsen sind."

„Warum?"

Ich merkte, dass ich schon wieder zu viele Fragen stellte. Trotzdem wollte ich mich nicht so abspeisen lassen, also versuchte ich es auf anderem Weg.

„Aber geschmückt wird er doch trotzdem, oder?

„Ja, das auf jeden Fall."

„Auch mit Kugeln und Lichtern und Engeln?"

„Nur dass das nicht Engel heißt, sondern, geflügelte Jahresendzeitfigur'."[1]

Irgendwie war mir diese DDR unheimlich – wer erfand für eine so wunderbare Sache wie einen Engel denn einen solch komischen Namen?

„Aber bei der Geburt von dem kleinen Jesus waren doch eindeutig Engel dabei und keine ...", ich hatte diesen seltsamen Begriff bereits wieder vergessen.

„Aber Engel ist ein religiöser Begriff und das wird in der DDR nicht so gern gesehen."

Meine Mutter musste gespürt haben, dass mir erneut eine Frage auf der Zunge lag, doch dieses Mal war sie schneller.

„Wie auch immer: Von Ankes Eltern weiß ich, dass die Familie christlich ist und von daher gibt es bei ihnen sicher Kugeln und Lichter und Engel. Und ich bin zu dir hochgekommen, um dich zu fragen ..."

„Mami, ich übe gleich, versprochen!"

Ich legte viel Pathos in meine Stimme. Meine Mutter jedoch schau-

---

[1] Im ostdeutschen Handel gebräuchliche Namensgebung für den Weihnachtsengel als Abgrenzung zu im Westen gebräuchlichen Ausdrücken

te mich irritiert an und sagte: „… ob du mir beim Paketpacken helfen kannst?"

Da hatte ich gerade noch einmal Glück gehabt.

„Gern!"

Diesen Blick meiner Mutter kannte ich. Ich würde nicht ums Flötespielen herumkommen, aber immerhin leistete mir das Paketpacken noch einmal einen wunderbaren Vorwand für meine „Aufschieberitis".

Seit dem Beginn meiner Brieffreundschaft packten wir jedes Jahr ein Paket für Ankes gesamte Familie. Mein Vater hatte mir erklärt, dass in der DDR nicht immer alles, was man benötigte oder sich wünschte, zur Verfügung stand. Manche Produkte waren gar nicht zu erhalten oder von der Qualität her nicht so hochwertig wie bestimmte Dinge, die wir hier kaufen konnten. Auserlesene DDR-Produkte waren wohl sehr teuer, nicht umsonst hießen die Läden dafür „Delikat" und „Exquisit". Ein ganz besonderer Laden, in dem es West-Waren gab, hieß „Intershop"[2], aber das Einkaufen schien hier sehr kompliziert zu sein. Man brauchte dafür anderes Geld, wie unsere D-Mark oder eingetauschte Schecks. Anke schrieb mir später davon, dass sie sich manchmal einfach im Intershop aufhielt, weil es dort so gut roch – anders als in den normalen Läden, die „Konsum"[3] hießen. Und dass unsere Pakete genauso wie der Intershop rochen, wenn sie sie öffnete.

Verstehen konnte ich das nicht wirklich, aber es schien sie sehr glücklich zu machen. Deshalb schnürten wir jedes Jahr an Weihnachten ein „Westpaket". Wir wiederum freuten uns im Gegenzug sehr über das jährliche „Ostpaket", das meistens einen Original Dresdner Stollen und Handgeschnitztes aus dem Erzgebirge enthielt.

---

[2] Einzelhandelskette in der DDR, in der der Verkauf nur gegen Devisen erfolgte. DDR-Bürger konnten dementsprechend nicht mit der Ost-Mark einkaufen. Es gab dort die hochwertigeren DDR-Produkte bzw. sogenannte West-Waren zu kaufen.

[3] Konsumgenossenschaften der DDR, die z. B. Lebensmittelgeschäfte betrieben

„Lass uns doch mal schauen, ob wir alles haben: Die Schallplatte für Anke, ich hoffe, sie wird nicht beschlagnahmt."

„Wie meinst du das ... beschlagnahmt? Was heißt beschlagnahmt?"

„Es kann sein, dass die Schallplatte an der Grenze aus dem Paket herausgenommen wird."

„Aber Anke hat sich die Schallplatte gewünscht und das Geschenk ist für sie – da gehört sie doch ihr!"

„Eigentlich ist es verboten, Kassetten oder Schallplatten zu schicken, aber vielleicht haben wir Glück und sie öffnen das Paket nicht."

„Wer sind denn sie?"

„Kind, das erklär ich dir ein andermal, jetzt müssen wir dringend alles schön verpacken. Such mal ein schönes Geschenkpapier aus."

„Jaja, das erklär ich dir, wenn du groß bist", äffte ich, etwas genervt, meine Mutter nach. Ich konnte es einfach nicht begreifen, dass doch das Paket, das an die Adresse meiner Freundin und ihrer Familie adressiert war, anscheinend von irgendjemandem geöffnet wurde, der dann auch noch darüber entschied, ob sie es behalten durfte. Seltsames Land ...

„Das Auto-Kartenspiel, war das nun für Anke oder ihren Bruder?"

„Für Anke."

Meine Mutter schaute mich irritiert an, verpackte es aber ohne weiteren Kommentar.

„Die Füßlinge für Opa und Vati, die Schuhe für die Mutti – und der obligatorische Kaffee."

„Den Kaffee hast du doch schon letztes Jahr geschickt. Ist das nicht ein bisschen doof, den schon wieder zu verschenken?"

„Kaffee ist dort Mangelware. Und deshalb schicken wir jedes Mal den Kaffee mit."

„Und den Schokoladenweihnachtsmann, den darfst du nicht vergessen."

„Wie könnte ich den denn vergessen?"

Am Ende legte meine Mutter ein Inhaltsverzeichnis in das Paket, klebte es fest zu und beschriftete es mit der wichtigen Aufschrift: „Geschenkesendung, keine Handelsware"[4].

## Politische Neugier – Sommer 1981

Meine Grundschuljahre erlebte ich als eine großartige Zeit. Ich ging gerne zur Schule, hatte dort viele Freunde und eine gute Klassenlehrerin; sie war eine tolle Frau und ich hatte sie unglaublich gern. Jedes Jahr gratulierte sie mir zum Geburtstag, weil ihre Tochter genauso hieß wie ich und auch ungefähr so alt war.

Sobald die Schule aus war, waren wir draußen. In der Sackgasse, in der unser kleines Reihenhäuschen stand, bemalten wir die Straße, fuhren Rollschuh, gingen mit dem Schlitten oder mit Plastiktüten in die nahen Weinberge und rodelten zwischen den Reben hindurch. Unsere Eltern wussten uns gut aufgehoben und ließen uns frei sein. Mal spielten wir bei uns, mal bei den Nachbarn, wir sangen Lieder von ABBA nach und inszenierten uns als Band – sehr zu meinem Leidwesen konnte ich mit meinen braunen Haaren nie Agnethas Part übernehmen.

Die Grundschulzeit war nun fast vorbei und bald würde ich aufs Gymnasium gehen. Sicher, ich würde meine Klasse vermissen, Ifix, unser Klassentier, und meine Lehrerin. Auch unser Schulgebäude mochte ich und es war mir so vertraut, obwohl man dort jeden Morgen an der Eingangstür von finsteren Gesichtern auf einem Plakat begrüßt wurde.

Als ich Papa fragte, wer diese Menschen waren, die aussahen wie die Sammelbildchen zur Fußball-Weltmeisterschaft, wurde er zögerlich in seiner Antwort, aber auch richtig ärgerlich. Er erklärte mir, dass es

---

[4] Die Aufschrift auf dem Paket war ebenso Pflicht wie eine beigefügte Liste mit den enthaltenen Waren.

sich um Mitglieder einer „linksextremistischen Gruppe", der sogenannten „Roten Armee Fraktion", handelte, die gegen unseren Staat,
gegen unser „System" mit Gewalt vorgingen. Seit einigen Jahren war
diese Gruppe nun schon aktiv, und als ich zur Grundschule ging,
hatte der Terror seinen Höhepunkt erreicht.

Ich verstand das nicht. Von meinen Eltern wusste ich, dass wir in
einer sogenannten „Demokratie" lebten, in einem freien Land, und
sie hatten mir gesagt, dass – wenn einem etwas nicht passte –, man
seine Meinung frei äußern konnte. Wenn es also Menschen gab, die
etwas gegen unser „System" hatten, konnten sie doch ihren Mund
aufmachen. Wie das allerdings mit „links" und „rechts" gemeint war,
blieb für mich zunächst im Dunkeln. Aber es klang spannend, und
ich wollte – wieder einmal – mehr wissen.

„Stefanie", versuchte mein Vater mir die Situation zu schildern,
„sie haben aber ihre freie Meinung nicht nur gesagt, sondern sie haben
sich Waffen besorgt, Bomben gebaut, andere Menschen umgebracht.
Sie haben Geiseln genommen, sogar den Bundeskanzler erpresst, und
viele unschuldige Menschen leben in Angst. Ein paar Terroristen haben sich im Gefängnis umgebracht, aber andere sind auf der Flucht
und das sind die auf deinem Plakat – nach ihnen wird gefahndet."

Mein Vater rang nach Worten. Es schien ihm wirklich nahezugehen.

Ich war still. So etwas hatte ich nicht erwartet. Die Situation schien
bedrohlicher und bedeutender zu sein, als ich gedacht hatte. Dass es
in meiner heilen Welt in Dossenheim solche gefährlichen Menschen
gab, konnte ich mir aber einfach nicht vorstellen. Besorgt fragte ich
meinen Vater: „Und die können auch hier bei uns irgendwo sein?"

„Ja, theoretisch schon, aber man munkelt, dass viele geflüchtet
sind, zum Beispiel in die DDR."

Aber auch das wollte nicht in meinen Kopf. Man konnte ja nicht
so einfach in die DDR. Und kein Land wollte doch Terroristen in
seinem Land.

Mein Vater konnte wohl Gedanken lesen: „Ja, du hast richtig gehört. Die DDR nimmt solche Verbrecher auf. Wahrscheinlich stecken sie mit diesen Linksextremisten unter einer Decke."

Dass mein Vater dies viel eher zu sich selbst sagte als zu mir, ließ mich stutzig werden. Was auch immer „Linksextremisten" sein mochten, mir kam plötzlich ein furchtbarer Gedanke.

„Aber Papa, dann ist ja Anke in Gefahr!"

„Anke, wieso denn Anke?"

„Na, sie lebt in der DDR und wenn diese Menschen nun in ihr Land gehen ..."

Nun wurde mein Vater nachdenklich und beendete das Gespräch, indem er ohne weitere Worte aus dem Raum ging und mich etwas ratlos zurückließ. Hatte ich gerade mit meinem Vater mein erstes politisches Gespräch geführt? Ich machte mir ernsthaft Gedanken darüber, ob ich Anke wohl in einem Brief warnen sollte.

## Unsere Urlaube in Ost und West – September 1982

Dossenheim, Sommer 1982

Liebe Anke,

was machst Du in den Sommerferien? Blöderweise freue ich mich überhaupt nicht auf unseren Urlaub. Wir fahren wie jedes Jahr zum Wandern in die Berge und das ödet mich ganz schön an. Alle anderen aus meiner Klasse fahren ans Meer oder fliegen sogar nach Amerika und ich muß mit meiner Familie die Berge erklimmen. Als Kind hat mir das ja noch Spaß gemacht, aber jetzt trotte ich meinen Eltern sowie Tante und Onkel hinterher. Das ist echt übel.

Am meisten freue ich mich schon auf die freie Zeit zuhause. Wenn das Wetter gut ist, gehe ich mit meinen Freundinnen jeden Tag ins Schwimmbad, dort treffen wir ein paar Jungs aus dem Nachbardorf und haben viel Spaß. Und dann übernachte ich oft bei Claudi, meiner besten Freundin, oder sie bei mir. Da quatschen wir dann bis spät abends und das ist super. Naja, ich werde die zwei Wochen in Österreich irgendwie hinter mich kriegen. Drück mir die Daumen.

*Urlaub in den Bergen*

Und nun liebe Grüße und bis bald, Steffie

Ein bisschen neidisch war ich schon, als Anke mir kurz vor den Sommerferien mitteilte, dass sie nicht nur wie fast jedes Jahr mit ihrer Familie nach Ungarn an den Plattensee zum Baden fuhr, sondern von der Schule aus im Rahmen eines Schüleraustauschs mit ihrer Freundin in ein Zeltlager in die ČSSR durfte.

Claudia klopfte gerade an die Scheibe unseres Balkons. „Claudi" wohnte im Nachbarreihenhaus, war auch Einzelkind, zwei Jahre älter als ich und von Kindesbeinen an meine beste Freundin, meine „große Schwester". Unsere Zimmer trennte nur ein milchiges Fenster zwischen unseren Balkonen, um das wir mittlerweile geschickt herumkletterten, um ins Haus der jeweils anderen zu gelangen. Die Sommerferien waren nun fast vorüber und ich war gerade von einem wie erwartet wahnsinnig spannenden Familienurlaub zurückgekommen.

„Hey, na wie war's mit Tante und Onkel im Urlaub?"

Sie grinste und trug mit dieser Frage nicht gerade dazu bei, meine Stimmung zu heben. Ich war nach unserem Sommerurlaub ganz schön genervt.

ČADCA

Ungarn

Bulgarien

Bulgarien

ŠUMAVA HORNÍ PLANÁ LIPN

ČSSR

„Na, traumhaft, kannst du dir das nicht denken? Nicht allein, dass wir immer zu fünft in Urlaub gehen müssen – nein, die Fahrt in unserem hässlichen Ford Taunus war wie jedes Jahr ein Graus: Papa und Onkel vorne und ich eingepfercht zwischen Mama und Tante hinten."

„Mein Beileid. Aber es könnte schlimmer kommen: Denk an Anke! Stell dir vor, du müsstest in einem Trabi zu fünft in Urlaub fahren."

Der DDR-Kleinwagen mit Zweitaktmotor, liebevoll „Rennpappe" genannt, auf den man bis zu 10 Jahre nach Bestellung warten musste, war in der Tat mit unserem Ford nicht vergleichbar. Trotzdem fand ich unser Auto altbacken und spießig. Und die Tatsache, dass ich überhaupt – egal in welchem Auto – mit vier Erwachsenen in die Ferien fahren musste, konnte schon ein wenig Mitleid wert sein. Nur Claudi verstand, wie man sich als Mädchen fühlte, das langsam aber sicher erwachsen wurde. Freiheit bedeutete für mich etwas anderes.

„Und dann schon wieder in diese blöden Berge. Jedes Jahr muss ich zum Wandern."

„Nicht ganz!"

*Ein* einziges Mal hatte ich sie dazu überreden können, doch mal ans Meer zu fliegen. Mein Highlight: Ein Urlaub auf Mallorca.

„Apropos, wie war's bei euch in Spanien?"

„Willst du das wirklich wissen?"

Ja, ich wollte es wissen und ich gab in den nächsten Jahren auch erst Ruhe, wenn ich mit Claudi nach Spanien fahren durfte oder sie wenigstens mitkam in die Berge.

„So, und warum bist du jetzt auf Anke so neidisch? Die darf doch nur ins ... ‚sozialistische Ausland', oder wie man die Länder nennt." Die Länder, in die Anke reisen durfte, kannte ich nur von ihren Postkarten: Ungarn, ČSSR, Polen ...

„Ja, aber sie durfte sogar mit ihrer Freundin *alleine* in ein Zeltlager in die ČSSR. Meine Eltern würden mich doch nicht mit dir allein weg lassen. Deshalb beneide ich sie."

„Hey, Steffie, jetzt mach aber mal 'nen Punkt. Du hast mir doch selbst erzählt, dass Anke auf ihrer Urlaubskarte von einem Schüleraustausch geschrieben hat – also sind bestimmt auch Lehrer dabei. Und das in den Ferien! Mir hat eine Klassenkameradin erzählt, die eine Cousine im Osten hat, dass sie jedes Jahr zum ‚Ferienlager der Grenztruppen' in Urlaub gehen muss. Ihre Betreuer dort sind Soldaten, sie lernen schießen und gehen auf Manöver und müssen sich messen wie bei einer Olympiade."

Ich fühlte mich schlecht, weil ich wieder einmal nur über meine eigene Situation lamentiert hatte. Dabei blendete ich komplett aus, dass es Anke war, die nicht frei entscheiden konnte, wohin sie in den Ferien fuhr. Bei mir hing es lediglich davon ab, wohin meine Eltern wollten – und mit ihnen konnte ich diskutieren. Ankes Urlaubsziel war vom Staat abhängig, in dem sie lebte. Auch wenn es mir schwerfiel, das wirklich zu verstehen, spürte ich eine gewisse Beklommenheit bei dem Gedanken daran. Als mir Anke dann nach dem Urlaub schrieb, dass es am ersten Schultag nach den Ferien eine „riesen Welle" gegeben habe, sah ich meine Situation erst recht in einem anderem Licht: Ankes Freundin hatte sich im Urlaub einen tollen Nicki mit Mickey-Mouse-Motiv gekauft und war damit zur Schule gegangen. Die Lehrer fanden es nicht toll, dass sie ein solches „Westprodukt" mit in die Schule brachte und „zur Schau trug". Sie und ihre Eltern bekamen richtigen Ärger.

## Anke lädt mich in die DDR ein – 1984

Dennschütz, März 1984

Liebe Steffie,
gehst Du eigentlich gern zur Schule? Ich nicht. Ich lag lange Zeit mit 9 Einsern und 7 Zweiern so an 7. oder 8. Stelle in der Klasse.

Mittlerweile ist das schlechter geworden. Am 12.4. war bei uns Tag der Jungen Naturforscher. Es wurden schöne Veranstaltungen gemacht. 7 Mädchen aus meiner Klasse gingen in „Schönheit nur durch Farbe", da war ich auch dabei, und der Rest ging in die Frisuren. In der Kosmetik hat eine Lehrerin (sie ist immer geschminkt) alles an Modellen gezeigt. Sie hat da auch etwas über Hautpflege erzählt. Es war für uns sehr interessant. Am nächsten Tag hatten wir das erste Mal Wehrunterricht, da ging es um den Sinn der Landesverteidigung. Die Disziplin war saumäßig. Es war auch ziemlich langweilig. Zum Glück haben wir das nur 4 mal 2 Stunden im Schuljahr.

Abends (17 – 19.00 Uhr) war Disco, wo fast alle Mädchen meiner Klasse hingingen, bei den Jungen war das Interesse nicht so groß. Mir hat sie sehr gut gefallen. Einen Freund habe ich noch nicht. Mir gefällt ein Junge aus meiner Schule gut (10. Klasse), aber ich habe nicht vor, das meinen Eltern zu sagen. Am Freitag und Sonnabend habe ich keine Schule wegen Ostern. Osterferien gibt es bei uns nicht. Am Sonnabend will ich dann wieder mit meiner besten Freundin in der Laube übernachten. Das haben wir letztes Wochenende auch schon gemacht. Das war ganz toll. Am Sonntag sind wir schon gegen 7.00 Uhr aufgestanden. Du kannst dir vorstellen, daß ich am Montag in der Schule todmüde war. In den nächsten Ferien gehe ich gleich nach unserem Urlaub in Ungarn in einer LPG arbeiten.

Tschüßi, Deine Anke!

„Und? Was stand in dem Brief von Anke?"

Mama konnte sich noch immer nicht daran gewöhnen, dass ich mehr und mehr auf meine Privatsphäre pochte. Schon allein, dass sie es nicht schaffte anzuklopfen, bevor sie mein Zimmer betrat, nervte mich zusehends. Mein Jugendzimmer – das war mein Reich aus Bravo-

Plakaten, dem Duran-Duran-Starschnitt an der Tür, den Teetässchen auf meinem Beistelltisch, meiner ausklappbaren Schlafcouch aus Kiefernholz. Meine Briefe bewahrte ich mittlerweile in einem extra schwer auffindbaren Schuhkarton auf und mein Tagebuch war selbstredend abschließbar und mein treuer Begleiter.

„Ach, nichts Besonderes."

„Willst du gar nicht wissen, was Ankes Mutter geschrieben hat?"

Ja richtig, in dem Briefumschlag war noch ein extra Brief von Ankes Eltern für meine Eltern.

„Na, du wirst es mir gleich erzählen", antwortete ich mehr bockig als interessiert.

„Sie haben uns eingeladen zu Ankes Konfirmation im nächsten Jahr."

Ich war baff, das hatte ich nun nicht erwartet. Anke und ich schrieben uns regelmäßig seit sieben Jahren, vier bis fünf Mal pro Jahr gingen Briefe hin und her, wir waren Freundinnen, die sich alles anvertrauten, obwohl wir uns noch nie gesehen hatten. Ich spürte meine Nervosität steigen.

„Und? Kriegen wir das hin?"

„Mal schauen. Das wird sicher nicht einfach werden, aber wenn sie uns schon so nett bitten. Ist ja auch nicht das erste Mal."

Und damit hatte Mama recht. Immer wieder im Verlauf der Brieffreundschaft hatten sowohl Anke als auch ihre Eltern in den Briefen die Bitte geäußert, wir mögen sie doch besuchen kommen. Schließlich war dies auch der einzig mögliche Weg, uns je zu sehen. In meiner Naivität hatte ich sie – noch als Grundschulkind – auch einmal zu uns eingeladen, in der Hoffnung, dass wir die Grenzen hätten überwinden können, die uns trennten. Doch das schien aussichtslos. Vielleicht bestand jetzt eine Chance.

Dossenheim, 1984

Liebe Anke!

Deine Eltern haben uns eingeladen und das wäre natürlich großartig, wenn wir es schaffen könnten, daß wir Euch zu Deiner
Konfirmation besuchen. Dann könnten wir uns endlich alles persönlich erzählen, was wir uns sonst immer schreiben. Das wird
ganz schön aufregend. (Wobei ich im Moment ganz furchtbar
aussehe. Ich habe mir eine Dauerwelle machen lassen, weil das
gerade bei uns voll in ist, aber mit meinen kurzen, dicken Haaren
sieht es einfach nur schrecklich aus.)

Bei mir ist gerade auch einiges los. Ich
war mit einer Jugendgruppe in unserer
Partnergemeinde in Südfrankreich. Wir
sind mit dem Bus gefahren, was echt
eine lange Fahrt war. Gott sei Dank
hatte ich meinen neuen Walkman dabei, da konnte ich wenigstens Musik
hören. Ich habe mir extra vorher immer, wenn die Charts im Radio kamen, die besten Songs aufgenommen. Ich steh gerade voll auf Duran
Duran und Depeche Mode. Was
hab ich mich geärgert, wenn der blö-

Mit Dauerwelle in Südfrankreich

de Ansager ins Lied gequatscht hat. Auf jeden Fall war Frankreich
richtig cool. Ich habe zum ersten Mal so richtig Alkohol getrunken
und einen Schwips gehabt, also eigentlich war ich ziemlich betrunken. Wir haben in unserem Zimmer französischen Rotwein
getrunken und ich kann mich nicht mehr an alles erinnern. Ich
hatte aber auch echt Liebeskummer. Der Typ, in den ich verliebt
war, ist dort mit einer anderen zusammengekommen. Erst war

das echt schlimm für mich, aber dann war da ein anderer Typ, dem ging es wie mir und dann haben wir uns zusammengetan. Mit ihm habe ich zum ersten Mal richtig geknutscht. Und dann hab ich mich fast so gefühlt wie Vic in La Boum. Lief der Film bei Euch auch in den Kinos?

So, das erst einmal aus der Gefühlswelt,

liebe Grüße

Steffie


P.S. Was ist eigentlich eine LPG?

## Wenn doch die Schule nicht wäre – Januar 1985

Als ich an einem Mittag der nächsten Wochen nach Hause kam, strahlte meine Mutter mich an.

„Du glaubst nicht, mit wem ich vorhin telefoniert habe."

Schon wieder die Überraschungsinszenierung.

„Nein, Mama, ich ahne es noch nicht einmal."

„Junges Fräulein, jetzt werde bloß nicht frech."

Wieso war es immer so vorhersehbar, welche Floskeln sie verwenden würden?

„Ich habe gerade mit deiner Freundin Anke gesprochen."

„Anke, *meine* Anke aus der DDR?" Ich konnte es nicht fassen.

„Ja, ich wollte eigentlich mit ihrer Mutter sprechen wegen des eventuellen Besuchs, aber sie war nicht da und so habe ich mich kurz mit Anke unterhalten."

„Und, was hat sie gesagt, wie hört sie sich an?" Ich spürte eine große Aufregung in mir.

„Das Gespräch war sehr kurz, die Verbindung schlecht. Außerdem war ständig ein Knacken zu hören – wahrscheinlich hörte jemand Drittes mit."

„Jemand Drittes?"[5]

„Nicht so wichtig."

„Aber hast du ihr gesagt, sie soll noch einmal zurückrufen?"

„Das ist nicht so leicht. Sie müssen das Gespräch erst anmelden, das ist ..."

„... ziemlich kompliziert, verstehe schon." Wie oft hatte ich das nun schon gehört.

„Aber warum hast du nicht gewartet, bis ich zu Hause bin, ich hätte sie so gerne auch wenigstens einmal gehört."

„Wir versuchen es die Tage noch einmal, ja?"

Halb enttäuscht, halb vorfreudig ging ich mit Ankes aktuellstem Brief auf mein Zimmer. Wie musste ich lachen, als ich Ankes Antwort auf meinen Brief las: „Duran Duran kenne ich. Mein Bruder hat mehrere Lieder auf Kassette. Depeche Mode ist mir auch ein Begriff. Ich selbst habe keine Kassetten. ... Diese Cassettenrekorder gibt es bei uns auch, sie kosten knapp 400 Mark. Den Ausdruck Walkmann kannte ich dafür noch nicht. ... Eine LPG = Landwirtschaftliche Produktionsgenossenschaft. Eine LPG ist eine Zusammenfassung von Bauernhöfen. Sie hat einen Vorsitzenden. Es gibt dort auch einen Vorstand, mehrere Abteilungsleiter für Verschiedenes (Bau, Gemüse, Feld) und Brigadiere. Eine LPG besitzt Maschinen, Felder (die LPG sind untereinander abgetrennt) und Gebäude. Es gibt auch LPG Tierproduktion. Diese haben Kühe, Schafe und Schweine. Die LPG Pflanzenproduktion muss auch der LPF (T) Futter für die Tiere liefern, weil diese keine Felder mehr hat. Die LPG bei uns ist 4500 ha groß."

Puh, in ihrem Land war wohl alles penibel geregelt. Nichts schien man dem Zufall oder einer Entwicklung ohne bestimmten Ausgang zu überlassen. Irgendwie gehörte alles auch immer allen. Obwohl ich einerseits froh war, dass ich viele Dinge „besaß", imponierte mir diese

---

[5] Zur Überwachung der Bürger wurden in der DDR Abhörmaßnahmen der privaten Telekommunikation durchgeführt.

*Im angesagten Benetton-Kapuzenpulli*

Idee auch ein wenig. Bei uns schien man auf den anderen immer weniger Rücksicht zu nehmen. Wer Geld hatte, bestimmte und war angesehen. Wer in der Schule die besten Markenklamotten hatte, der war beliebt. In der DDR gab man sich anscheinend mit weniger zufrieden, anderes schien wichtiger. Ob wir davon noch etwas lernen konnten?

Aber darüber machte sich Anke wohl eher keine Gedanken. Sie schien andere Probleme zu haben als ich, denn in der Schule lief es bei ihr gerade nicht so gut. Sie musste sich mit ihrem Zeugnis der 9. Klasse für die sogenannte EOS, Erweiterte OberSchule, bewerben. Und dabei kam es auf die Noten an. Nur zwei bis vier Schüler pro Klasse schafften überhaupt den Wechsel auf die EOS. Ich fand das irre. Sich zu bewerben, um Abitur machen zu können; noch einmal die Schule zu wechseln; keine Leistungskurse wählen zu dürfen, sondern die gleichen Fächer wie alle anderen auch zu haben; und schließlich machte sie auch noch nach 12 Jahren ihr Abi, nicht wie wir nach 13. Sie konnte froh sein, wenn sie dafür nicht auf ein Internat musste.[6]

In diesem Punkt war ich froh, dass unser „System" hier nicht ganz so streng war. Auch ich war eine durchschnittliche Schülerin und schlug mich in meiner Mädchenklasse des katholischen privaten Mädchengymnasiums so „ohlala". Im Moment interessierten mich auch mehr die Jungs, die *vor* unserem Schulgelände warteten, als das, was *hinter* den dicken Mauern gelehrt wurde. Dass Anke in Physik von

---

[6] Viele Jugendliche besuchten für die letzten zwei Jahre vor dem Abitur nicht nur eine andere Schule (wie die EOS), sondern gingen dafür – weg von zu Hause – auf ein Internat. Das war in vielen Familien Usus.

einer 1 auf eine 3 abgefallen war, ließ mich eher ironisch werden. Physik hatten wir gerade erst bekommen, und ich verstand schon jetzt nur Bahnhof. Aber „who cares"?

Als ich mit meinem Halbjahreszeugnis nach Hause kam und mir nichts anderes übrig blieb, als mit meinem Vater über Schule zu sprechen – was ich ansonsten tunlichst vermied –, erklärte er mir Ankes Situation: „Wahrscheinlich wird auch Ankes politische Einstellung und der Einfluss ihrer Mutter als Lehrerin eine Rolle spielen, ob sie einen Platz bekommt. Hier bei uns zählt nur die Leistung. Und das ist gut so. Und deshalb solltest du dich auf deinen Hosenboden setzen und etwas lernen, junge Dame."

Ich verstand mittlerweile, dass mein Vater von seiner politischen Einstellung her sehr konservativ war, ein treuer CDU-Wähler, den ich – um ihn zu ärgern – oft als „rabenschwarz" bezeichnete. Wollte er diese Unterhaltung wieder für eine Abrechnung mit dem sozialistischen System nutzen?

Für ihn war meine schulische Leistung ganz wichtig. Als Kind der Nachkriegsgeneration ging ihm nichts über „Schaffe, schaffe, Häusle baue". Es hätte nur noch gefehlt, dass er an dieser Stelle auch wieder davon anfing, mir vorzuhalten, wie schlecht es ihm und seinen zwei Geschwistern als Kinder und Jugendliche ergangen war, wie sehr er Entbehrungen hatte hinnehmen müssen, um es schließlich zu einem guten Auskommen als Lohnbuchhalter zu bringen – natürlich nur mit Fleiß und aus eigener Kraft. Ich hatte ja begriffen, dass Geld nicht wie im Schlaraffenland einfach an den Bäumen wuchs und dass ich schon in der Schule etwas tun musste, wenn ich meine Träume verwirklichen wollte.

Meine politische Gesinnung jedoch ging in eine andere Richtung als die meines Vaters. Immer wieder suchte ich deshalb das Gespräch mit meiner Großmutter. Sie verglich mich dabei mit meinem Großvater, der schon vor langer Zeit gestorben war und von dem ich nicht viel wusste. Aber meine Einstellung erinnerte meine Großmutter an ihn, und sein politisches Engagement imponierte mir. Ich wollte mehr über ihn erfahren. Und mein Herz schlug mehr und mehr links.

## Tanzen und Politik, geht das zusammen? – Mai 1985

„Bist du in Gedanken? Steffie, hallo! An wen denkst du denn?"

Meine Freundinnen, mit denen ich immer in den Tanzclub fuhr, bemerkten schnell, dass ich durch irgendetwas abgelenkt war. Und dieses Mal handelte es sich nicht um einen Jungen – ausnahmsweise.

Mir wurde in letzter Zeit immer häufiger bewusst, in welch sorgloser Situation ich lebte. Ich ging zur Schule, das war okay, ich hatte jede Menge Freunde, mit denen ich unterwegs war, ich hatte eine Familie, die mich um- beziehungsweise „übersorgte", ich hatte alles. Ich war ein typisches Kind der 80er, das es sich mit Helmut Kohl als Bundeskanzler und einem väterlichen Helmut Kohl zu Hause eigentlich so richtig gemütlich machen konnte. Aber irgendwie reichte mir das nicht. Ich begann, Fragen zu stellen. Fragen, die mir mein Vater in endlosen Diskussionen nicht beantworten konnte – meine Mutter verließ bereits freiwillig den Raum, wenn ich erneut mit einem politischen Thema begann. In letzter Zeit tauschte ich immer wieder mein Glitzerhalstuch gegen das Arafat-Tuch[7], und meine Aktion ging über die reine Provokation meines Vaters hinaus.

Solidarität war ein Begriff, der sich mir immer stärker in mein Wertesystem drängte. Ich wollte mehr über die Partei wissen, in der

---

[7] Arafat-Tuch: auch als Palästinensertuch bekannt. Die Kufiya, ein quadratisches weißes Tuch, häufig mit schwarz-weißem Rautenmuster, ist eine traditionelle Kopfbedeckung im arabischen Raum. Im Zuge des Nahostkonflikts wurde das Tuch zum Symbol der Freiheit und der Solidarität mit den Palästinensern. Seine Bekanntheit im westlichen Raum erhielt das Tuch als Markenzeichen des Palästinenserführers Jassir Arafat. Das Tragen eines solchen Tuchs galt in den 1980er-Jahren als politisches Statement der linken Jugend- und Subkultur.

mein Großvater Zeit seines Lebens engagiert war: die Sozialdemokraten. Mein Großvater war ein glühender SPD-ler gewesen, einer, der auch im nationalsozialistischen Regime immer ein Sozi blieb – auch, als er zum Arbeitsdienst nach München versetzt wurde; auch, als er nach dem Krieg nach Hause kam. Er hatte eine Haltung und lebte sie. Und er liebte das Theater. All das schien meine Oma in mir wieder lebendig zu sehen. Ich begann mit dem Theaterspiel, ich wurde politisch – und das alles, obwohl ich auch das 14-jährige pubertierende Mädchen war, das sich nach den süßesten Jungs umschaute.

„Steffie, was ist los mit dir?"

Es war Sonntagabend, und wir saßen in der Straßenbahn um zur – wie würde Anke sagen – „Disco" zu gehen. Jeden Sonntagabend fand von 19 bis 21 Uhr offenes Tanzen in unserem Tanzclub statt, und meine Freundinnen und ich waren selbstverständlich dabei.

„Ach, ich musste gerade an Anke denken."

„Deine Brieffreundin? Wieso, was ist mit ihr?"

„Wisst ihr, sie hat von so vielen Dingen keine Ahnung, von denen ich ihr schreibe. Neulich habe ich ihr vom Film ‚Die unendliche Geschichte' erzählt, sie kennt noch nicht einmal das Buch. Dann habe ich ihr geschrieben, dass wir im McDonald's waren. Wisst ihr, was sie geantwortet hat: ‚Kannst du mir bitte erklären, was das ist. Ich schätze eine Gaststätte, kann aber auch falsch sein, da es das bei uns nicht gibt.'"

Die Mädels begannen loszuprusten.

„Ich finde das gar nicht komisch. Wir sind gleich alt, sprechen dieselbe Sprache, unsere Länder haben die gleiche Geschichte …"

„Na, eben nicht ganz", unterbrach mich Tanja, sichtlich erschrocken, dass mich ihr Gelächter so verletzte.

„Aber fast. Wisst ihr, wir haben so vieles gemeinsam – und dann sind da wieder diese Wahnsinnsunterschiede, die mich echt nachdenklich stimmen."

Meine Freundinnen waren jetzt ganz still.

Ich versuchte, die Situation etwas abzumildern. „Wisst ihr, wie sie ihren Abschlussballpartner nennen müssen? Ihren ‚Herrn‘."

Die Prusterei ging von vorne los, aber nun musste ich mitlachen. „Ich glaube, Anke findet das auch ganz schön lächerlich, so wie sie es geschrieben hat."

„Ja, aber es scheint ihr doch ganz gut zu gehen, oder? Hungern oder so müssen die ja da nicht", sagte Nicole zynisch.

„Nein", antwortete ich wütend, „hungern müssen sie nicht. Aber weißt du, es macht mich langsam krank, dass wir hier wie die Made im Speck sitzen und so tun, als hätten wir die Weisheit gepachtet. Meine Freundin muss darum kämpfen, dass sie überhaupt zugelassen wird, um Abitur zu machen. Und vielleicht wird sie nicht zugelassen, nur weil sie eine andere politische Sichtweise hat. Sie traut sich nicht, sich etwas von mir zu ihrer Konfirmation zu wünschen, weil sie nicht weiß, wie bei uns die Preise liegen, und sie will sich nichts zu Teures von uns wünschen."

„Konfirmation?", warf Sabine ein. „Ich denke, Religion passt nicht zum sozialistischen Weltbild, hat Frau Meier letzthin erzählt."

„Ja, genau", stimmte nun auch Nicole ein. „Die haben ja noch nicht mal Religionsunterricht. Haben die's gut!"

Ein Raunen ging durch unsere Runde aus der privaten katholischen Mädchenschule.

„Aber Anke hat erzählt, sie habe Christenlehre und dürfe auch zur Konfirmation – nachdem sie ihre Jugendweihe hinter sich gebracht hat", erklärte ich belehrend, etwas sauer, dass die Mädels mich in meinem Redeschwung bremsten.

„Jugendweihe?"

„Wie ich das verstanden habe, ist die Jugendweihe so ein Ritual, um in die Erwachsenenwelt richtig aufgenommen zu werden, und das wird staatlich gefördert.[8] Also eine Art Aufnahme in den Sozialismus."

„So wie die Firmung für uns Katholiken ..."

„Oder die Konfirmation eben ..."

„Der Sozialismus ist doch aber keine Religion." Tanja schien leicht verwirrt.

Seit wann waren meine Freundinnen so engagiert? Das war mir neu, endlich konnte man mit ihnen auch mal über etwas anderes sprechen, endlich schien hier eine ernsthafte Diskussion zu entstehen – und ich wollte das Zepter nicht aus der Hand geben.

„Aber Anke hat mir das mal erklärt. Sozialistische Erziehung folgt einem klaren Aufbau: Mit 6, also in der 1. Klasse, kommt der Pionierbeitritt – man ist dann Jungpionier und trägt die Pionierbluse und ein blaues Halstuch –, mit 9, das heißt in der 4. Klasse, kommt der Aufstieg zu den Thälmann-Pionieren mit rotem Halstuch und mit 14 schließlich die Jugendweihe, die dann oft gleichzeitig mit dem Eintritt in die FDJ[9] erfolgt, und da bekommt man eine blaue Bluse. Und dann wird es quasi hingenommen, wenn man sich danach noch konfirmieren lässt Und Anke bedeutet das was! Aber was ich eigentlich sagen wollte ..."

Sabine unterbrach mich erneut.

„Dann ist es doch okay."

---

[8] Die Jugendweihe war keine Erfindung der DDR, sondern gilt in vielen Kulturen als Initiation, die den Übergang vom Jugend- in das Erwachsenenalter kennzeichnet. In der DDR fand seit den 50er-Jahren eine politische Instrumentalisierung der Jugendweihe statt und sie wurde durch die Erziehung der Jugend im Sinne marxistisch-leninistischer Weltanschauung der SED-Ideologie zur sozialistischen Alternative zur Konfirmation. Dem Staat war deshalb daran gelegen, dass jeder an der Jugendweihe teilnahm.

[9] FDJ: Freie Deutsche Jugend, einzig staatlich anerkannte und geförderte Jugendorganisation der DDR, die als Massenorganisation parallel zum Erziehungssystem der Schule fungierte. Wesentliche Aufgabe der FDJ war die Organisation der Freizeitgestaltung. Sie sollte die Jugendlichen zu „klassenbewussten Sozialisten" erziehen, die die Gesellschaft der DDR mitgestalteten. Auf Antrag wurde man ab dem 14. Lebensjahr in die FDJ aufgenommen. Die Mitgliedschaft war zwar freiwillig, allerdings musste man mit Nachteilen bei der Berufs- und Studienwahl rechnen, wenn man nicht beitrat.

Allein ihr Okay brachte mich auf die Palme.

„Nichts ist okay, versteht ihr? Hättest du Lust, ein Gelöbnis auf unseren Staat abzuleisten? Ich nicht. Sie fährt wie wir nach Berlin, aber sie darf nicht in den Westteil der Stadt, weil eine ‚bewachte Mauer uns trennt', so hat sie es mir neulich geschrieben; sie haben in der Schule Wehrunterricht und werden zu einem ‚Tag der Zivilverteidigung' gezwungen, und wenn du da nicht hingehst, dann ...“

Ich redete mich richtiggehend in Rage. Mittlerweile schauten ältere Mitfahrende – etwas besorgt über die Jugend von heute – zu uns herüber.

„Na ja, wir fahren ja auch zur Bundeswehr und gucken uns eine Kaserne an. Das wird nicht viel anders sein, schätze ich, oder?“, unterbrach mich Tanja sarkastisch.

„Zivilverteidigung?“ Nicole blickte mich unglaubwürdig an. „Ich glaub, ich bin raus.“

Ich kramte aus meiner Tasche Ankes aktuellsten Brief heraus und las die Passage vor: „ZV haben die Mädchen der 9. Klassen. Die Jungen sind im Wehrlager (das muss noch schlimmer sein). Habt ihr auch ZV? Wenn nicht, dann schreibe ich dir gleich noch, was wir da so machen müssen. Also, wir haben Schutzausbildung, Gebäudeausbildung, Erste Hilfe-Ausbildung, Ordnungsübung und Sport. In der Schutzausbildung haben wir die ganzen Alarmsignale (Feuer, Luftalarm). Dann haben wir uns Schutzmasken auf Zeit aufsetzen müssen, haben auch selber welche gemacht, und uns wird auch noch gesagt, wie wir uns in Schutzräumen zu verhalten haben und wie diese beschaffen sein müssen. In der Gebäudeausbildung müssen wir kriechen und gleiten (das sah aus, als sollten wir Indianer spielen), dann Geländeskizzen zeichnen, Marschrichtungszahlen bestimmen usw. Bei der ersten Hilfe lernen wir, was wir bei einzelnen Verletzungen unternehmen müssen, bis der Arzt kommt. In der Ordnungsübung müssen wir marschieren lernen und auf die ganzen Kommandos (kehrt um, Achtung, links, rechts um usw.) hören. Im Sport spielen wir Volleyball, außerdem müssen wir Keulenweitwurf, 100 m Lauf, 2000 m Lauf (das ist Schinderei), 400 m auf Zeit schwimmen und Hindernislauf absolvieren."

Mittlerweile waren wir an unserer Haltestelle angekommen und stiegen schweigend aus.

„Nein, Nicole, sie müssen nicht hungern, aber wonach hört sich das an, was ich dir gerade vorgelesen habe?"

„Wolltet ihr nicht mal hinfahren?", fragte Sabine in die bedrückende Stille hinein.

„Ja, aber das hat nicht geklappt. Irgendwie durften wir nicht fahren. Keine Ahnung, warum."

„Na ja, wenn du all diese Gedanken auch in deinen Briefen schreibst, kann ich mir denken, warum ihr nicht fahren dürft." Diesmal brachte es Tanja auf den Punkt.

Noch nachdenklicher als zu Beginn des Gesprächs ging ich mit den Mädels zum Tanzen.

## Wann darf ich sie endlich besuchen? – Sommer 1985

Dennschütz, 1985

Liebe Steffie,

zuerst möchte ich mich für das tolle Paket bedanken. Du hattest mir ja von einem Päckchen geschrieben, deshalb war ich ganz überrascht, als ein Paket bei mir eintraf. Den schicken Overal hatte ich schon ein paar Mal zur Disco an. Die Schuhe, die mir leider nicht passen, passen meiner Mutti. Sie trägt sie sehr gern, weil sie so schön leicht sind.

Jetzt sind wir hier in Wurzbach im Urlaub. Wurzbach liegt ganz nah an der Grenze, nicht ganz 4 km bis zum Sperrgebiet. Die Landschaft hier ist eigentlich schön. Untergebracht sind wir in

*Ankes Familie*

einer Privatunterkunft und essen im FDGB-Ferienheim.[10]

Nächstes Jahr fahren wir vielleicht wieder nach Ungarn. Hoffentlich! Dort gefällt es mir bis jetzt am besten. Hier im Ferienheim ist immer was los. Wir haben uns schon einen Raumbild-Vortrag, dann einen Vortrag über Hellsehen, Telepathie und Psychokinese angesehen. Außerdem war ich jeden zweiten Abend in einer Disco. Wenn ich im Quartier bin, stricke ich meistens. Leider ist der Urlaub immer so kurz, da mein Vater nur 18 Tage Urlaub bekommt.[11]

Aber dieses Jahr war ich ja schon 2 Wochen zu einer Auszeichnungsreise (Schüleraustausch) in Leningrad. Da geht das eigentlich. In Leningrad habe ich das schönste nicht fotografiert, weil ich da den Fotoapparat nicht mithatte. Ob die anderen Bilder etwas geworden sind, weiß ich nicht!

So, nun noch etwas! Schade, daß es mit dem Besuch zur Konfirmation nicht geklappt hat. Schreibt doch bitte, wann ihr uns besuchen wollt. Macht einen Terminvorschlag, wir können uns sicher danach richten. Du weißt ja, daß wir nicht zu euch kommen können, da müssen wir erst einmal Rentner sein ...[12]

---

[10] FDGB: Der Freie Deutsche Gewerkschaftsbund vermittelte den Werktätigen subventionierte Urlaubsreisen im Inland in eigenen Ferienheimen. Allerdings bekam man die Plätze nur mit viel Glück.

[11] Zum Vergleich: Mein Vater hatte 26 Tage Urlaub.

[12] Die Besuchsregelung sah vor, dass DDR-Bürger erst im Rentenalter auf Antrag in die BRD fahren durften. Ausnahmen waren besondere Anlässe, zu Verwandten ersten und zweiten Grades zu reisen, jedoch nicht zu angeheirateten Verwandten.

Nun möchte ich noch einmal auf euren Brief in Bezug auf das Konfirmationsgeschenk zu sprechen kommen. Eigentlich würde ich sagen, daß das Paket schon sehr reichlich für mich war. Aber wenn ihr mir etwas bleibendes, ein Kettchen zum Beispiel schenken würdet, würde ich mich riesig freuen. Das wäre etwas, was mich immer an euch erinnern könnte, auch wenn ich aus den Sachen „herausgewachsen" bin.
Sei ganz lieb gegrüßt, auch Deine Eltern,
von Deiner Anke

P.S. Es hat geklappt, ich gehe nach der 10. Klasse auf die EOS. Dort werde ich das Abitur machen und studieren. Einerseits freue ich mich. Andererseits habe ich etwas Angst. Ich gewöhne mich schwer an neue Lehrer und da ist es schwierig sich mit dem Zeugnis der 11. Klasse für ein Studium zu bewerben.

„Mama, Papa, können wir reden?"

Normalerweise hörte ich diesen Satz von meinen Eltern, und wenn dieser Satz kam, dann musste ich mich warm anziehen. Dieses Mal mussten sich meine Eltern warm anziehen. Dieses Mal ließ ich mich nicht abspeisen.

„Warum konnten wir nicht zu Ankes Konfirmation fahren?"

„Du weißt, das ist nicht so einfach."

„Mama, ich weiß, dass vieles kompliziert ist, aber ich habe in der Schule bei meiner Geschichtslehrerin nachgefragt und ich weiß, dass seit Anfang der 70er-Jahre eine Einreise auf Einladung möglich ist. Und eine Einladung haben wir nun mehrfach erhalten."

„Ja, Stefanie, da hast du recht, aber ..."

„Was, aber? Wir hätten nur einen Berechtigungsschein gebraucht. Und den hätten Ankes Eltern sicherlich beantragt und geschickt."

Ich wurde langsam ungehalten – mich beschlich das Gefühl, dass meine Eltern diesen Besuch gar nicht wirklich wollten. Meine Mutter schaute mich ertappt an.

„Woher weißt du so gut Bescheid, wie das mit den Besuchen funktioniert?", fragte mein Vater.

„Ich bin schließlich kein kleines Kind mehr – und ich gehe aufs Gymnasium."

Das hatte gesessen.

„Und wenn ihr zu feige seid, dann fahre ich eben allein. Aber ich will sie jetzt endlich kennenlernen. Seit acht Jahren schreiben wir uns, seit acht Jahren teilen wir unser Leben ausschließlich auf Papier. Und wir werden durch unsere beiden Systeme dazu gezwungen, uns voneinander fernzuhalten. Das ist krank."

„Jetzt hör mal gut zu!" – als hätte ich das nicht eh die ganze Zeit schon getan, ich hatte *genau* zugehört – „Nicht unser System ist krank, sondern die Sozialisten sind schuld daran, dass ihr euch nicht sehen könnt. Du kannst doch froh sein, in solch einem freien und reichen Land zu leben wie hier in der Bundesrepublik. Sei jetzt nicht undankbar. Und wenn wir in den Osten fahren, dann unterstützen wir dieses System auch noch."

Aha, nun hatte er sich verraten. Mein CDU-Vater *wollte* anscheinend gar nicht in die DDR fahren, weil er von der DDR genauso wenig hielt wie ich von diesem verlogenen Gespräch.

„Ach, Papa, jetzt ist mir klar, dass es dir hier nicht darum geht, dass deine Tochter endlich ihre langjährige Freundin kennenlernt. Du denkst nur daran, dass du ein bisschen was von deinen hart erarbeiteten D-Mark umtauschen und in einem Land lassen musst, das du politisch verachtest."

„Das ist doch gar nicht der Punkt!", erwiderte mein Vater erbost, aber ich hatte einen Redeschwall und in dem ließ ich mich unter keinen Umständen bremsen.

„Freiheit?", ereiferte ich mich weiter. „Ja, ich bin gottfroh, in einem freien Land zu leben, aber diese politische Anpassung hier kotzt mich an. Dieses Duckmäusertum, dieser Stillstand, diese Amerikagläubigkeit. Wir sind doch nicht viel besser als die ‚da drüben'. Wenn ich auch nur zwei, drei Jahre älter wäre, dann würdest du mich jetzt nicht hier drin festhalten können, dann würde ich da draußen mitdemonstrieren gegen Aufrüstung und diesen beschissenen Kalten Krieg, in den wir junge Menschen gezwungen werden, weil irgendwelche machtgeilen Politiker in Ost und West nicht bereit zum Gespräch sind."

Meine Mutter hatte mittlerweile – wie immer, wenn es hitzig wurde – die Bühne beziehungsweise das Zimmer verlassen. Und da ich die Neigung zur Dramaqueen von ihr geerbt hatte, rauschte ich durch die Tür, klatschte sie mit einem nachhaltigen Rums hinter mir zu und verschwand genervt in meinem Zimmer. Dort drehte ich die Musikanlage so richtig laut auf und konnte mich erst wieder etwas abreagieren, als im Radio die Live-Übertragung des „Live Aid-Konzerts"[13] in London begann. Hier tat man etwas gegen das Unrecht auf der Welt. Und ich wollte nun auch endlich etwas tun. Ich fühlte mich stark und alt genug dafür.

Etwas später erfuhr ich den wahren Grund für die Absage: Meine Mutter arbeitete als Sekretärin im Öffentlichen Dienst der Bundesrepublik Deutschland – wir wurden offenbar von den DDR-Behörden als zu gefährlich eingestuft. Ich hatte meinen Eltern Unrecht getan. Dafür war wohl nun eine dicke Entschuldigung fällig.

### Muss Liebe schön sein – Winter 1985

Frisch verliebt zu sein war wirklich das schönste Gefühl auf dieser Welt. Endlich, endlich hatte ich einen Freund. Seit drei Jahren war ich eigentlich ständig in irgendeinen süßen Jungen verliebt gewesen,

---

[13] Benefizrockkonzert am 13. Juli 1985 zugunsten Afrikas aufgrund der in Äthiopien herrschenden Hungersnot, von Bob Geldof initiiert

aber meistens hatten diese Jungs nichts von mir wissen wollen. Da half auch intensives Auf-Sich-Aufmerksam-Machen nichts. Aber dieses Mal hatte es uns beide erwischt. Er hieß Christian und ich lernte ihn auf dem Volksfest unseres Dorfes kennen. Als er mich fragte, ob ich mit ihm gehen wolle, war ich völlig aus dem Häuschen. Siegessicher stolzierte ich am nächsten Tag Händchen haltend mit ihm durch unseren Ort. Die ersten Küsse waren noch sehr zart und vorsichtig, aber schließlich begannen wir, uns auch richtig zu knutschen. Ich lud ihn zu mir nach Hause ein. Meine Eltern, vor allem mein Vater, waren „not amused", aber damit mussten sie nun leben. Ich war mit meinen fast 15 schließlich eine erwachsene Frau – zumindest fühlte ich mich so. Ich verbot meinen Eltern nun strikt, ohne Klopfen mein Zimmer zu betreten. Meistens hielten sie sich daran. Und gerade, als ich dachte, ich hätte die wahre Liebe gefunden, geschah das Unglaubliche.

Dossenheim, November 1985

Liebe Anke!

Du kannst es nicht glauben. Ich bin immer noch so sauer, daß ich es Dir unbedingt erzählen muß. Ich bin sicher, Du kannst das gut verstehen, was ich gerade durchmache, deshalb muß ich Dir jetzt sofort schreiben. An Kerwe[14] habe ich doch diesen süßen Typen kennengelernt. Wir sind jetzt vier Wochen miteinander gegangen und es war richtig toll. Vor einer Woche haben wir uns mit einer Freundin und ihrem Freund getroffen und wollten etwas gemeinsam unternehmen. Ich sollte auf seinen Geldbeutel aufpassen. Ich habe nicht aufgepasst und er ist runtergeflogen. Und was kam zum Vorschein? Ein Kondom!!!! Ich habe ihn zur Rede gestellt, wollte wissen, was das soll und so. Er hat gemeint, ich

[14] Volksfest in meinem Heimatdorf

solle mich nicht so kindisch anstellen und dann hab ich mit ihm Schluß gemacht (oder er mit mir, das weiß ich vor lauter Aufregung gar nicht mehr genau). Auf jeden Fall spricht er jetzt über mich, ich sei voll prüde … Das hat man davon. Ich sag Dir, von Jungs hab ich erst mal die Schnauze voll. Welche Erfahrungen hast Du denn schon gemacht? Hast Du einen Freund?

Und nun wünsche ich Dir eine schöne Adventszeit, ich mache jetzt mit meinen Freundinnen wieder Tee-Parties, auf denen wir über die Jungs lästern und freue mich schon auf die Weihnachtsferien. Ich hab mir Nike-Schuhe gewünscht oder die Allrounder[15] von Adidas – naja, eigentlich wünsche ich mir einen eigenen Fernseher, aber den bekomme ich sicherlich nicht.

Verschneite Grüße,

Steffie

Dennschütz, Dezember 1985

Liebe Steffie,

vielen Dank für Deinen Brief. Ich möchte gleich darauf antworten. Was ist denn eine „Kerwe"? Meine Mutter meinte, das könnte eine Art Volksfest sein. Welchen Anlaß hat denn das Fest? Bei uns haben alle Feste auch einen bestimmten gesellschaftlichen oder politischen Anlaß. Aber nun zu Deiner Frage: Vor 1–2 Monaten hatte ich mal für 3 Wochen einen Freund. An und für sich ist das ja nicht schlecht gewesen, aber zur Disco usw. immer nur mit dem ein- und selben tanzen, gefällt mir absolut nicht. Also bin ich ganz froh wieder „solo" zu sein. Für die nächste Zeit hab ich auch nicht vor, unbedingt einen Freund haben zu wollen. Die 3 Wochen reichen eine Weile. Es war ähnlich wie bei Dir. Er hat

---

[15] *Die* in den 80ern angesagten weißen, knöchelhohen Turnschuhe

auch über mich geredet. Naja, und da kann er mir mal gestohlen bleiben. (Kondome heißen bei uns übrigens Mondos, das mußte ich aber erst einmal herausfinden – ich habe eine Freundin gefragt und die sagte mir, daß ihr die Gummis so nennt.)

Ach übrigens, ich habe vor ein paar Wochen endlich die rosa Jacke von Euch geholt. Ich hab sie nämlich kürzen lassen und nun hab ich sie schon oft angehabt. Nun muß ich bloß aufpassen, daß ich mich ein bißchen beherrschen kann und nicht noch aus den Hosen herausplatze. Und dabei esse ich so fürchterlich gern, aber noch dicker als ich schon bin, möchte ich eben auch nicht werden.

Mein Bruder macht jetzt eine Berufsausbildung und gleichzeitig noch das Abi. Das ist ganz gut, denn wenn man keinen Studienplatz bekommt, hat man wenigstens den Facharbeiter. Ich muß mich mit meinen Zensuren plagen, weil ich mich ja nächstes Jahr in der 11. für mein Studium bewerben muß. Bei uns auf der Penne gibt es ja keine 13. Klasse. Mein Ex hat nach der 10. eine Ausbildung gemacht. Er wurde Gott sei Dank bei dem Betrieb genommen, für den er sich interessiert hat. Einige müssen bei uns ja auch etwas lernen, was sie gar nicht interessiert, da ja alle eine Lehrstelle haben MÜSSEN zum Schluss.

Jetzt muß ich Dich aber noch etwas fragen: Kannst Du vielleicht näher erläutern, was Nike-Schuhe sind oder Allrounder von Adidas? Adidas ist eine Schuhmarke, das kenne ich, aber sonst … Und einen Fernseher, da hättest Du aber wirklich Glück! Ich bekomme von meiner Oma sicher wieder einen Römer.[16]

Von Riesengeschenken kann ich nur träumen. Daß ihr Teeparties macht, finde ich ganz super.

---

[16] Römer: ein traditionelles Trinkglas in Kelchform, ursprünglich für Wein gedacht; beliebtes Geschenk

Schreib mal wieder und grüße Deine Eltern von mir,
Tschüß, deine Anke

P.S. Schreibe mir bitte mal, was Du Dir nächstes Jahr von mir zum Geburtstag wünschst, ja? Es ist so schwer für mich, etwas zu kaufen, was Dir halbwegs gefallen könnte. Schreibe mir b i t t e.

# WIR WOLLEN MEHR –
# ENDLICH SEHEN WIR UNS

### Endlich 15 – März 1986

Da war wieder diese Unruhe, die ich stets an Abenden vor meinem Geburtstag in mir fühlte. Denn Geburtstage waren etwas Tolles, etwas Spannendes. Und obwohl ich jetzt ein „Teenie" war, musste ich mir eingestehen, dass ich meinen Geburtstag und seine Traditionen immer noch ziemlich gerne mochte. Eigentlich liefen sie ja jedes Jahr gleich ab, fast wie ein Ritual – aber ein besonderes Ritual, das nur mir und meiner Familie gehörte. Und meine Eltern schafften es immer wieder aufs Neue, mich damit zu fesseln, auch wenn ich jetzt schon fast eine Erwachsene war. Ich konnte das zwar öffentlich nicht mehr so zugeben, deshalb zeigte ich meine Begeisterung eher dezent. Aber es gefiel mir immer noch – und wie mir es gefiel!

Früh am Morgen wachte ich von einem klappernden Geräusch auf. An jedem anderen Morgen hätte es mich unglaublich genervt, früher wach zu werden als ich musste. Ich war eine notorische Langschläferin und wenn man mich in meinem Schönheitsschlaf störte, konnte ich ziemlich zickig werden. Aber heute Morgen wusste ich genau, woher das Geräusch kam, und es war ein angenehmes Geräusch. Denn ich hörte von meinem Bett aus mit an, wie unten im Esszimmer der Tisch gedeckt wurde, von dem ich wusste, gleich ist es mein Tisch. Und mit den Gedanken an diesen Geburtstagstisch glitt ich noch einmal in die Welt der Träume hinüber. Plötzlich ging langsam die Tür zu meinem Zimmer auf, ich blickte nach oben, sah meinen Vater mit

*Der Holzreif mit Kerzen aus früheren Jahren*

einem pinkfarbenen Röschenstrauß in der Hand und hörte meine Eltern singen: „Zum Geburtstag viel Glück". Nie wäre ich auf die Idee gekommen, schon früher aufzustehen, auch wenn ich wach war. Mir das entgehen zu lassen – einfach undenkbar. Nur den Geburtstagskuss, den könnten sich meine Eltern langsam abgewöhnen. Gott sei Dank waren wir unter uns und niemand bekam mit, wie liebevoll mich meine Eltern „abschmatzten". Irgendwie beschlich mich immer das Gefühl, dass sie sich an diesem Ritual noch mehr freuten als ich.

Und dann durfte ich endlich zu meinem Tisch. Das Wohnzimmer war dunkel, nur die Kerzen brannten. In den ersten Jahren meiner Kindheit gab es einen kleinen roten Holzreif, auf dem Kinderkerzen angebracht waren, immer die entsprechende Anzahl. Als ich älter wurde, kamen Kerzen auf der obligatorischen Geburtstagstorte hinzu. Und dieses Jahr behalf man sich zum ersten Mal mit Teelichten – ich war 15. Wow!

Es sah wunderschön aus. Auf dem Tisch befanden sich die Geschenke; meistens sehr viele, große Geschenke. Wenn ich es mit anderen verglich, bekam ich immer sehr viel. Aber das Materielle war gar nicht so entscheidend, der Rahmen, das Ritual, das hatte schon was. Als behütetes Prinzesschen, das in einer gut situierten Mittel-standsfamilie aufgewachsen war, konnte ich nicht verhehlen, dass das Auspacken der Geschenke ein Highlight dieses Morgens darstellte.

Als ich mit meinen vielen kleinen Päckchen fertig war und happy zur Schoko-Biskuit-Torte übergehen wollte, platzte meine Mutter mit dem „eigentlichen" Geschenk heraus. Beide führten mich in mein Arbeitszimmer (denn mittlerweile verfügte ich in unserem Reihenhaus über zwei Zimmer: Eines diente mir als Schlaf-, das andere als Arbeits- oder Wohnzimmer). Als ich die Tür zu Letzterem aufmachte, traute ich meinen Augen kaum. Da stand er: mein erster eigener Fernseher. Ich konnte mein Glück kaum fassen. Nun vergaß ich alle Pubertätsal-lüren und fiel meinen Eltern glückselig um den Hals.

Wenn ein Geburtstag so anfing, konnte es nur grandios weiterge-hen. Am Nachmittag, als ich von der Schule nach Hause kam, fand ich jede Menge Post vor. Am meisten freute ich mich über Ankes Geburtstagsbrief. Neben der obligatorischen Glückwunschkarte hatte sie mir dieses Jahr ein Deckchen aus „echter Plauener Spitze" mitge-schickt.

„Das ist aber reizend", befand meine Großmutter, die sich zum Kaffeetrinken eingefunden hatte.

„Reizend" wäre jetzt nicht der Ausdruck gewesen, den ich dafür verwendet hätte. Ich fand das Geschenk aber schon deshalb toll, weil ich wusste, dass es für Anke relativ schwierig war, mir so etwas Beson-deres zu besorgen.

Weniger reizend fand ich die Tatsache, dass so langsam die gesam-te Familie bei uns zu Hause eintrudelte, um mit mir Geburtstag zu feiern: ein eher nervendes Ritual, das ich nun auch bereits seit 15 Jah-ren über mich ergehen lassen musste. Wäre doch nur dieses Kaffee-trinken bald vorüber! Am Abend hatte ich in unseren Hobbykeller zur Party eingeladen – das war die Art, wie ich meinen Ehrentag zu feiern gedachte. Bereits gestern hatte ich mit meinem Vater Getränke,

Chips, Flips und vieles mehr eingekauft und den Hobbyraum zur Partymeile umgestaltet. Es war ein harter Kampf gewesen, ihm klarzumachen, dass auch Jungs kommen würden, die gerne mal ein Bier tranken. Was den Alkohol für uns Mädels anging, so baute ich auf meine Freundinnen, die die entsprechenden Getränke in ihren Taschen in die „Festung" mit einschmuggeln sollten.

Aber bevor ich richtig feiern konnte, blieb mir nichts anderes übrig, als das Kaffeetrinken mit guter Miene zu überstehen. Meine Großeltern väterlicherseits waren mittlerweile ebenfalls eingetroffen. Den unpersönlichen Briefumschlag mit Geld hatte ich – ganz gut erzogene Enkelin – mit einem „Danke" und einem gequälten Lächeln entgegengenommen. Und dabei hätte mir in ihrem Fall eine Umarmung so viel mehr gegeben als der Schein in dem Umschlag. Es schmerzte mich, dass meine Großeltern nicht in der Lage waren, Liebe und Zuneigung zu zeigen. Ich schien ihnen gleichgültig zu sein. Opa lachte so gut wie nie, er war verbittert, und je älter er wurde, desto kälter erschien er mir. Je älter ich wurde, desto mehr interessierte mich, woher diese negative Grundhaltung kam.

Mein Großvater hatte als Soldat und überzeugter Nazi am Russlandfeldzug teilgenommen. Als er aus sowjetischer Gefangenschaft heimkehrte, sah er sich mit einer vierköpfigen Familie konfrontiert, die er ernähren sollte. Drei Kinder waren in kurzen Abständen noch vor dem Krieg geboren worden. Meine Großmutter hatte sie allein und ohne Unterstützung durch die Kriegsjahre bringen müssen und als Arbeiterin in einer Schuhfabrik ein kleines Einkommen erwirtschaftet. So wie mein Opa mütterlicherseits gezeichnet nach Hause zurückkehrte, teilte auch mein Opa väterlicherseits diese Erfahrung – allein, *er* gehörte auf die Seite der Täter und hatte es meines Erachtens nie überwunden, dass der Nationalsozialismus „gescheitert" war. Für beide, Mutter und Vater meines Vaters, war es ausgeschlossen, das Leben als ein Geschenk zu betrachten. Immer sahen sie nur das Negative. Leben, das hieß viel Arbeit, wenig Lohn, harter Kampf. Dass es mein Vater geschafft hatte, sich aus dieser Grundhaltung zu lösen und ein äußerst liebe- und gefühlvoller Mann zu werden, hatte er sicher auch der Familie meiner Mutter zu verdanken. Denn durch meine Großmutter lernte er einen anderen Umgang innerhalb der Familie kennen. Auch Omi hatte vieles erlebt: Weitgehend auf sich allein gestellt, hatte sie sich und ihre jüngeren Schwestern durch den Ersten Weltkrieg bringen müssen, da ihre Mutter schwer erkrankt und der Vater als Soldat an der Front war. Beide Eltern starben verhältnismäßig früh. Mit drei Kindern hatte sie später miterleben müssen, wie ihr Mann zunächst zum Arbeitsdienst nach München berufen und dann in die Ukraine „geschafft" wurde. Als überzeugtes Mitglied der SPD – einer Partei, die seit 1933 verboten war – war er noch glimpflich davongekommen, obwohl hinter all dem der Versuch gestanden hatte, ihn für den Nationalsozialismus zu instrumentalisieren, was aber nicht gelang. Schließlich kam Opa zurück, doch er war schwer krank, und seine Diabetes wurde immer schlimmer, bis er im Alter von nur 52 Jahren starb. Als hätten diese Verluste nicht gereicht, hatte sich mein Onkel, ihr einziger Sohn, erst vor Kurzem das Leben genommen. Er, der nach außen immer den Spaßvogel gab, hatte dem Gerede unseres Dorfes, weil er betrunken eine Frau angefahren und verletzt hatte, nicht standhalten können. Und trotz aller Schicksalsschläge schaffte es meine Großmutter, sich immer ihr heiteres Gemüt zu bewahren. Sie schenkte allen ein Lächeln und nahm das Leben, wie es kam. Ich war glücklich und dankbar, dass sie mir näherbrachte, was Liebe, Respekt und Mitmenschlichkeit bedeuteten, und sie mir prägende Werte mitgab.

Erst viel später verstand ich, wie viel Leid von Täter- *und* Opferseite in unserer Familie existierte. Leider wurde darüber nur ungern und zu wenig gesprochen.

### Fernsehschauen im eigenen Zimmer hat was – März 1986

„Wow, der sieht echt genial aus. Mach mal an!"

Claudi war hin und weg, denn sie stand vor meinem Fernseher und kriegte sich kaum ein. Ich konnte mein Glück auch selbst noch gar nicht fassen. Seit meinem Geburtstag hatte ich mit gerade mal 15 Jahren meinen ersten eigenen Fernseher.

Stefanie und Claudi

„Endlich muss ich mich im Wohnzimmer nicht mehr mit meinem Vater darüber streiten, ob wir nun irgendeine Schlagersendung schauen oder ob ich endlich auch mal in Ruhe ‚Formel Eins'[17] gucken kann."

„Los, mach mal an!"

Wir beide machten es uns bei einer Tasse Karamelltee auf meinem bunten Klippan-Sofa von Ikea gemütlich und ich ging zum Fernseher, um das richtige Programm einzustellen. Im Gegensatz zu unserer Kindheit hatte sich in den letzten Jahren ja einiges getan. Neben den drei öffentlich-rechtlichen Programmen hatte das Privatfernsehen Einzug gehalten und mit ihm eine riesige Bandbreite an Auswahlmöglichkeiten. Nun konnten wir auch Sendungen sehen, die ARD, ZDF oder das Dritte nie ausstrahlen würden. Es hieß jetzt also nicht nur „Dallas" oder „Denver-Clan", sondern auch „Knight Rider" oder Shopping-Shows.

„Toll, oder? Anke meinte, wenn ich zu Weihnachten einen eigenen Fernseher bekäme, wäre das ein großes Glück! Und jetzt? Jetzt habe ich ihn zum Geburtstag bekommen."

[17] Musiksendung der ARD, die noch vor MTV Musikvideos ausstrahlte

„Hey, nicht nur Anke denkt so darüber! Ich find es auch genial."

„Komm, ihr habt immerhin einen VHS-Rekorder[18] !"

„Ja, aber du hast einen Fernseher in deinem Zimmer und kannst nun schauen, was du willst."

„Ja, das ist echt cool. In der DDR ist es ja noch schlimmer: Da gibt es genau zwei Fernsehprogramme, und was da so kommt ... Alles zensiert, wenn du mich fragst. Wenn Anke wenigstens in Berlin wohnen würde, dann hätte sie die Chance, Westfernsehen zu schauen. Aber im ‚Tal der Ahnungslosen'[19] gestaltet sich das bestimmt schwierig."

„Aber jetzt kommt Sportschau, also schalt mal aufs Erste."

„Da können wir ja auch runtergehen und mit meinem Vater schauen", warf ich ironisch ein.

Als kleines Mädchen gab es bei uns ein unumstößliches Samstagsritual. Erst wurde gebadet, dann kuschelte ich mich im extra breiten Fernsehsessel an meinen Vater und wir schauten gemeinsam eine Kinderserie wie „Familie Feuerstein" oder „Nils Holgersson" – um danach gemeinsam die Sportschau anzuschauen. Die Sportschau nun so ganz erwachsen am eigenen Fernseher im eigenen „Wohnzimmer" zu verfolgen, das hatte was.

Auch wenn wir Mädchen waren, liebten wir nämlich Fußball. Der 1. FC Köln hatte es uns besonders angetan. Dort spielten so tolle Männer wie Toni Schumacher, Pierre Littbarski oder Stefan Engels, den ich besonders süß fand. Zum letzten Geburtstag hatte ich Autogrammkarten bekommen, und einen Ausflug ins Stadion mit unseren Vätern hatten wir auch schon hinter uns. Aber Claudi und ich fanden Köln insgesamt großartig. Der Mann meiner Cousine hatte mir letztes

---

[18] VHS: Video Home Service, ein Aufzeichnungs- und Wiedergabesystem für Videorekorder, das Anfang der 80er-Jahre auf den Markt kam

[19] Tal der Ahnungslosen: satirischer Begriff im DDR-Sprachgebrauch für die Region um Dresden, wo kaum Empfang von Westprogrammen möglich war

Jahr zum Geburtstag eine BAP-Kassette geschenkt. Das Band war mittlerweile ziemlich ausgeleiert, weil wir die Musik der Kölsch singenden Rockband hoch und runter hörten – meistens musste ich es mit einem Bleistift per Hand wieder auf Spur bringen. Noch dazu waren die Bandmitglieder ziemlich links und das gefiel uns. Das war nicht mehr das kindische Neue Deutsche Welle-Gesinge, sondern Songs mit Inhalt. Und das passte zu unserer neuen Haltung. Ein Sticker neben dem anderen klebte auf unseren Lederschultaschen – von „Atomkraft? Nein danke" über „Ich bin Energiesparer" bis hin zum „Benetton"-Aufkleber – ok, der passte nicht ganz so dazu, aber Aufkleber war schließlich Aufkleber und ein Statement.

Die Sportschau war vorbei und wir entschlossen uns – ganz selbstverständlich – auch die Tagesschau zu sehen. Schließlich mussten wir linke Mädchen uns ja informieren über das Weltgeschehen, um mitdiskutieren zu können.

„Nur einen Tag nach dem Tod des sowjetischen Staats- und Parteichefs Konstantin Tschernenko wurde am 11. März Michail Gorbatschow zum Generalsekretär der KPdSU gewählt. Bereits in den ersten Tagen seiner Amtszeit ..."

„Kennst du diesen Michail Gorbatschow?"

„Nein, noch nie gehört. Ich werde Anke mal schreiben, was sie von ihm hält."

**Die große Katastrophe bricht über uns herein – April 1986**

Dennschütz, 1986

Halli, hallo Steffie,
vielen Dank für Deinen Brief. Nun hast Du also Deinen eigenen Fernseher – herzlichen Glückwunsch! Und so viele Fernsehprogramme. Wir haben keinen Kabelanschluß, gibt es aber auch bei

uns an einigen Orten. Sehen kann ich momentan vier Programme (1. und 2. DDR, ARD und 3. West). Bei den letzten zwei Programmen kommt es aber etwas auf das Wetter an. Vom ZDF bekommen wir ab und zu den Ton, das Bild ist aber von dem ČSSR-Fernsehen.

Meine Mutti wollte jetzt mal den Schwager ihres Vaters besuchen (lebt in der BRD). Dies wurde aber nicht genehmigt (Mutti ist ja Lehrerin für Deutsch und Französisch und der Schulrat hat irgendwas dagegen, er sieht eine 83er-Geburtstagsfeier irgendwie auch politisch) da kann man leider nichts machen. Im Großen und Ganzen dürfen die Lehrer ja noch nicht zu Besuch in die BRD, nur in ganz wenigen Fällen.

Morgen habe ich mal wieder „Tag des Gruppenfunktionärs" (morgens ganz normal Schule und nachmittags dann diese Veranstaltung). Das wird wieder sinnlos werden. Wenn wir wie das letzte Mal wieder bei dem Punkt anlangen, daß wir uns darüber unterhalten, wozu wir uns treffen und doch alle meinen, daß es absolut sinnlos ist, hoffe ich doch, daß die Leute „weiter oben" dieses endlich einsehen.

Im Mai gehen bei mir die Prüfungen los. Nach den Prüfungen haben wir keinen Unterricht mehr (Erholung nach 10 Jahren Schule!). In den Sommerferien fliege ich nach Bulgarien über Jugendtourist mit meiner Freundin. Ich hab mich vielleicht gefreut, als wir die Reise bekamen, denn so etwas ist sehr gesucht. Zwei andere aus meiner Klasse bekamen eben keine Reise. Ungefähr eine Woche später gehe ich mit meinen Eltern in Urlaub. Zwischendurch gehe ich arbeiten, denn so eine Reise nach Bulgarien ist teuer (1000 M). Seit Januar habe ich ein neues Zimmer, ich schlafe auch schon drin, aber bewegen kann man sich darin nicht. Die neuen Möbel haben wir reklamieren müssen (gleich am nächsten Tag) und bis jetzt sind noch keine neuen da. Meine Eltern

haben schon mehrmals angerufen und wir bekommen die Möbel
jetzt ungefähr in ein/zwei Monaten. Ärgerlich, was?

So, für heute erst mal Schluß!

Schreib mal wieder

Tschüßi Anke

Als ich am Abend des 28. April zum Zeitpunkt der Tagesschau gedankenverloren mit Ankes Brief ins Wohnzimmer kam, saßen meine Eltern ungewöhnlich still auf der Couch und lauschten dem Nachrichtensprecher aus dem Fernsehen.

„Was ist denn ...“

Doch mein Vater hob mahnend die Hand – ruhig gesellte ich mich zu meinen Eltern und schaute gebannt auf den Flimmerkasten vor uns.

„... Nach Angaben der sowjetischen Nachrichtenagentur TASS traten an einem Kernkraftwerk in der Nähe von Kiew Schäden am Reaktor auf. Durch die radioaktive Strahlung sollen auch Menschen zu Schaden gekommen sein. ... Es wird aber nicht gesagt, wann sich das Unglück ereignet hat oder wodurch es verursacht wurde ...“[20]

Als die erste Meldung über das Unglück in Tschernobyl im deutschen Fernsehen verlesen wurde, lag das Geschehene bereits zwei Tage zurück und ich verstand nur nach und nach, um welch eine Katastrophe es sich hierbei handeln musste. Bis zu diesem Vorfall waren die Restrisiken von Atomkraftwerken zwar bekannt gewesen, aber von offizieller Seite heruntergespielt worden. Die Sowjetunion rückte nun plötzlich ganz nah an uns heran.

Einen Tag später – wir saßen wieder gebannt vor der Tagesschau, um nähere Informationen zu bekommen – wurden die schlimmsten Befürchtungen bestätigt.

---

[20] Chronologie nachzulesen unter: https://www.tagesschau.de/ausland/tschernobyl-tagesschau-videos-101.html

„... ist es offenbar zu dem befürchteten GAU gekommen, dem größten anzunehmenden Unfall ...", verlas die Nachrichtensprecherin gleich zu Beginn der Tagesschau.

„Heißt das ...?" Ich wagte es kaum auszusprechen ...

„Ja, dies scheint also der GAU zu sein", wiederholte mein Vater nachdenklich. „Unfassbar."

Wir erfuhren, dass es zu einer Explosion in einem Block des Atomkraftwerkes gekommen war und dabei große Mengen radioaktiver Stoffe freigesetzt wurden. Der Nuklearbrand war auch drei Tage nach der Katastrophe nicht unter Kontrolle.

Ich fühlte mich darin bestätigt, dass mein Anti-Atomkraft-Aufkleber, den ich eher der Coolness wegen auf meine Schultasche geklebt hatte, sowie die Demonstrationen gegen Atomkraft, die seit einigen Jahren die Republik aufmischten, wichtig und richtig waren.

„Atomkraft? Nein danke!' Davon haben die sowjetischen Politiker scheinbar nichts gehört", reagierte ich wütend und überheblich zugleich.

„Im Gegenteil: Die sowjetische Informationspolitik versucht sogar, den Vorfall totzuschweigen. Das heißt, die Bürger in der Sowjetunion wissen noch weniger als wir."

Meine Mutter – ganz die Tochter eines SPD-lers – teilte meine politische Einstellung und blickte herausfordernd auf meinen Vater. Er, der immer damit haderte, dass sowohl seine Tochter als auch seine Frau mit der „falschen" Partei konform gingen, nahm auch Die Grünen, die sich klar zum Atomausstieg bekannten, nach wie vor nicht ernst, obwohl sie seit drei Jahren im Bundestag saßen. Mein Vater erwiderte jedoch ausnahmsweise nichts. Alle drei saßen wir fassungslos in unseren Sesseln und wussten mit den Informationen, die langsam durchsickerten, nicht umzugehen. Keiner traute sich, die Frage zu stellen, die uns am meisten bewegte: Welche Auswirkungen würde diese Katastrophe auf uns haben?

Bundesinnenminister Friedrich Zimmermann, zuständig für Um-

weltfragen, betonte zunächst, eine Gefährdung sei „absolut auszuschlie-
ßen, denn Gefährdung besteht nur in einem Umkreis von 30 bis
50 Kilometern um den Reaktor herum. Dort ist sie hoch. Wir sind
2000 Kilometer weg."[21]

Wirklich beruhigend und überzeugend waren diese Aussagen für uns
nicht. Man spürte die Hilflosigkeit, die in den folgenden Wochen
unser steter Begleiter war. Auf ein Szenario wie nach Tschernobyl war
keiner vorbereitet gewesen, der Politik fehlte jegliches Instrumentarium.
In der Bundesrepublik gab es weder einheitliche Richtlinien für die
Strahlengrenzwerte, beispielsweise bei Lebensmitteln, noch eine Struk-
tur für den Informationsaustausch. Als die Wolke mit atomar ver-
seuchten Staubpartikeln am 30. April Deutschland erreichte, be-
schwichtigte man weiter.

Doch dann gab es sie: erhöhte Strahlenwerte, vor allem in Süd-
deutschland. Erste Warnungen betrafen Milch und Blattgemüse. Der
Umsatz ging drastisch zurück. Fast panisch wuschen wir unseren selbst
angebauten Salat mindestens zehn Mal, weil wir so hofften, der Belas-
tung ein Schnippchen zu schlagen. Das Ereignis hatte die Diskussion
über Atomenergie neu angeheizt. „Meine" SPD, mit der ich mich mehr
und mehr identifizierte, übernahm die Forderung der Grünen, aus
der Atomenergie auszusteigen, und sogar Bundeskanzler Kohl sprach
sich für eine Senkung des Anteils der Kernenergie an der Energiever-
sorgung aus – leider blieb es ein leeres Versprechen.

Ich wollte wissen, wie es Anke ging und wie sie in der DDR mit
dem Vorfall umgingen, aber erst am Ende des Sommers erhielt ich
eine Antwort. Als ich fast zeitgleich eine Postkarte von Anke aus Bulgarien und einen Brief nach ihrem Urlaub bekam, wurde ich stutzig:

---

[21] Nachzulesen unter: https://www.tagesschau.de/ausland/tschernobyl-tagesschau-
videos-101.html

Wissenschaftler Japans

# Tausende lehnen die Beteiligung am SDI-Programm ab

### Bewegung vereint Aktionen gegen Weltraumrüstung

## Kanadier für Teststopp und gegen Weltraumrüstung

### Kernwaffengegner stimmten Friedensappell zu

## Hohe Leistungen zum Wohle des Volkes

### Beschluß des 14. Tagung des FDGB-Bundesvorstandes

## Radio Liberty ist Geheimdienstfiliale

### Ehemaliger Mitarbeiter gab Pressekonferenz in Moskau

### BRD-Ärzte fordern Atomteststopp

### Zweite Gesprächsrunde UdSSR—USA zu Chemiewaffen beendet

### In Manila Treffen UdSSR—Philippinen

### Expertenforum gegen Sternenkriegspläne

Amerikanischer Wissenschaftler:

# Überfall auf Libyen ist Staatsterrorismus

### Washington bedrängt die Bündnispartner

## Havarie in ukrainischem Kernkraftwerk

Moskau, TASS

Im Kernkraftwerk Tschernobyl in der Ukraine hat sich eine Havarie ereignet. Einer der Kernreaktoren wurde beschädigt. Es werden Maßnahmen zur Beseitigung der Folgen der Havarie ergriffen. Den Betroffenen wird Hilfe erwiesen. Es wurde eine Regierungskommission eingesetzt.

## Französischer Kerntest im Südpazifik

Wellington, ADN

Frankreich hat vergangenes ...

### Außenminister Shultz will Geheimoperationen

### Mittelmeer wird wie Hinterhof behandelt

### Labour-Politiker gegen Wettrüsten bei C-Waffen

## Pentagon will auch über Nationalgarde verfügen

### Einsatz in Mittelamerika soll möglich werden

### Neuseeland bekräftigt Antikernwaffenpolitik

### Washington probt Landung auf Inseln

Konferenz in Como

### Bürgermeister fordern wirksame Friedenspolitik

### Präsident Syriens weist Einschüchterung zurück

### Bundeskanzler Kohl beim Premierminister Indiens

Meldung in der „Berliner Zeitung" (DDR)

„Es waren nicht so viele Ausländer da wie sonst, haben uns die Bulgaren erzählt, wegen Tschernobyl." Das war alles. Keine weiteren Informationen. Große Verunsicherung schien bei ihr nicht zu herrschen. Es war mir unerklärlich, dass sie überhaupt in diesem Sommer nach Bulgarien gefahren war. Die nukleare Wolke war doch aus dem Osten gekommen, wie konnte man im Osten dann überhaupt an Urlaub – ebenfalls im Osten – denken? Meine Lehrerin, die ich darauf ansprach, erklärte mir, warum mich das nicht verwundern musste.

Von der Reaktorkatastrophe hatten die DDR-Bürger zunächst genauso wenig erfahren wie wir. Die verunsicherte SED[22]-Führung versuchte vor allem eines: das Geschehen zu verharmlosen. Erst am 29. April 1986, also am dritten Tag nach dem Atomunfall, tauchte in der Presse eine winzige Meldung der sowjetischen Nachrichtenagentur TASS auf: *Im Kernkraftwerk Tschernobyl in der Ukraine hat sich eine Havarie ereignet. Einer der Kernreaktoren wurde beschädigt. Es werden Maßnahmen zur Beseitigung der Folgen der Havarie ergriffen. Den Betroffenen wird Hilfe erwiesen. Es wurde eine Regierungskommission eingesetzt.*

Danach wurden in den Medien der DDR weder der Reaktorunfall an sich noch die radioaktive Wolke, die über Europa hinwegzog, und deren mögliche Folgen für die Bevölkerung näher thematisiert. Die Regale in den Supermärkten waren im Frühjahr sogar überraschend gut mit Obst und Gemüse gefüllt.[23]

Eigentlich waren die Produkte für den Export in die Bundesrepublik vorgesehen – fanden dort aber keine Abnehmer mehr. Viele, die durch das Westfernsehen informiert waren, wollten die Waren nun auch nicht mehr haben. Genauso wie im Westen dachte man darüber nach, ob die Kinder unbeschadet draußen spielen könnten, was man

---

[22] SED: Sozialistische Einheitspartei Deutschlands, die gesetzmäßig in der DDR allein regierte

[23] Nachzulesen unter: http://www.mdr.de/damals/archiv/artikel74044.html

noch essen durfte und wie man an zuverlässige Informationen kam. Insgesamt aber war die Bevölkerung der DDR über die Katastrophe von Tschernobyl nur spärlich informiert. Ergebnisse von Strahlungsmessungen wurden nicht veröffentlicht, Warnungen vor belasteten Lebensmitteln gab es nicht. Die Schutzmaßnahmen des Westens wurden sogar als Panikmache verurteilt und als Versuch, die Sowjetunion zu diskreditieren.

Und auch meine Freundin hatte offenbar keine Ahnung, war nach Bulgarien in Urlaub gefahren und schrieb in ihren Briefen völlig unbedarft von den Abschlussfeierlichkeiten der alten Schule, von ihrer neuen Schule, der EOS, von ihrem ersten Besuch der Semperoper in Dresden und vom überraschenden Aufenthalt ihres Vaters bei seiner hessischen Westverwandtschaft anlässlich eines Geburtstags: „Eigentlich hatte ja keiner so richtig geglaubt, daß er fahren darf. Er hat viel gesehen und fotografiert, denn bei uns kann sich niemand richtig vorstellen, wie es dort ist."

Erst im darauffolgenden Brief erwähnte Anke, dass ihr Vater sie aus der BRD angerufen habe, um sie vor den Gefahren von Tschernobyl zu warnen. Er hatte im Westen wesentlich mehr Informationen erhalten und gab sie sofort an seine Familie weiter. Denn bei Anke stand eine Klassenfahrt nach Kiew – 100 Kilometer südlich des Katastrophengebiets – an. Ihre Mutter überlegte nicht lange und ließ ihrer Tochter ein Attest für die Zeit ausstellen, damit sie nicht mitfahren musste. Da hatte sie noch einmal großes Glück gehabt.

Am liebsten wäre ich sofort zu Anke gefahren und hätte sie „da rausgeholt". Eine große Traurigkeit und Frust machten sich in mir breit. Immer wieder blieb ich mit meinen Gedanken genau an dieser Stelle hängen und kam nicht weiter. Wir waren in einer für uns eventuell lebensbedrohenden Situation. Weder sie noch ich wussten, welche langfristigen Folgen durch das Unglück auf uns zukamen.

Und obwohl wir doch seit neun Jahren unser Leben miteinander teilten, führte uns dieses Ereignis wieder einmal die Trennung und die Entfernung zwischen uns schmerzlich vor Augen. Es blieb beim geschriebenen Wort. Das war mir eindeutig zu wenig; ich wollte diese Freundschaft *leben*. Aber würden wir je – so wie ich mit meinen Freundinnen hier – beisammensitzen, lachen, weinen, uns in den Arm nehmen können? Oder würde jede von uns einfach ihren Weg gehen, der doch auf eine besondere Weise ein gemeinsamer war? Gab es eine Hoffnung für uns?

## Die Psyche der Frauen ist unergründlich – 1986/1987

Bald schon war ich wieder in meinem Alltag angekommen, die Gefahren, die zwar nach wie vor existierten, rückten in den Hintergrund und verschwanden so langsam aber sicher aus unserem täglichen Bewusstsein. Ich war aufgeregt – wir fuhren mit der Schule nach Frankreich zum Schüleraustausch, der allerdings kein gewöhnlicher war, waren wir doch eine private katholische *Mädchen*schule und besuchten ein privates katholisches *Jungen*gymnasium in der Bretagne. „Meinen" Franzosen kannte ich schon von seinem vorangegangenen Besuch bei uns. Er war jedoch – wie soll ich es ausdrücken – sehr zurückhaltend und konnte kaum ein Wort Deutsch, was für meine Eltern ein ziemliches Problem darstellte, und ich, da ich beständig als Übersetzerin fungierte, in meiner Heimat mehr Französisch lernte als er Deutsch. Richtig sympathisch waren wir uns nicht – allerdings waren in seiner Klasse auch ein paar sehr nette Typen, und ich war nun gespannt, wie es uns in Nantes ergehen würde.

Meine Gastfamilie empfing mich sehr herzlich, und sie sollte sich mehr um mich kümmern als François selbst. Aber sie sprachen, wie im umgekehrten Fall, auch kein Wort Deutsch, und ihr Französisch war so schnell, dass sich mir bei Gesprächen zu Tisch fast der Kopf drehte. Ich war froh, dass wir als Klasse viel zusammen unternahmen und ich auch immer wieder mit meinen Freundinnen und deren Austauschschülern zusammen sein konnte. Neben französischem Unterricht standen Besuche von historischen Stätten und eine Modenschau, die wir selbst organisierten, auf dem Programm. Davon erzählte ich Anke auf der obligatorischen Karte, die wir uns ja stets aus unseren „Urlauben" schickten.

„Wie findest du eigentlich Pascal?", fragte mich Tanja beim gemeinsamen Klogang während der extra für uns veranstalteten Abschiedsdisco.

„Ganz süß. Warum?" entgegnete ich aus der Kabine nebenan.

„Ich glaube, der steht total auf dich!"

Kichernd gingen wir wieder nach draußen. Ich fühlte mich geschmeichelt, Pascal war der Sohn des Präsidenten von Crédit Agricole, einer großen französischen Bank, hatte sehr gute Manieren, war charmant und gut aussehend. Er war vielleicht ein bisschen klein, aber das war sein einziges Manko. Nachdem mich Tanja geradezu auf ihn gestupst hatte, nahm ich seine Blicke nun tatsächlich wahr und der Abend endete in einer unglaublichen Romanze: Wir lagen küssend in irgendeiner Ecke des Saales und waren grenzenlos ineinander verliebt. Viel reden mussten wir ja nicht.

Aber dann kam er – der Weltschmerz: Es war unser letzter Abend und am nächsten Tag hieß es Abschied nehmen. Am Bahnhof überreichte mir Pascal eine Rose und einen unglaublich tollen Brief. Solch einen Liebesbrief hatte ich noch nie bekommen. Nun war mir klar, warum die großen Liebeslieder alle auf Französisch gesungen werden mussten. Wir schworen, uns ständig zu schreiben und uns so schnell wie möglich, vielleicht schon in den Sommerferien, wiederzusehen. Und wir waren uns sicher: Wir schaffen das, so verliebt, wie wir waren. Schließlich war ich sein *„petit canard"*, und die *„bisous"* nahm ich mit auf eine liebeskranke Heimfahrt.

Liebe Steffie,

vielen Dank für die schöne Karte aus Frankreich. Wie war die Modenschau? Bestimmt toll. Zu einer Modenschau war ich noch nie. Kenn so etwas nur vom Fernseher. Warst Du bei dem Austauschfranzosen mit in der Klasse und hast mit Unterricht gemacht? Hast Du da auch Zensuren bekommen? Hast Du Dich dort nur Französisch unterhalten? Also ich glaube, wenn man mich so einfach in die SU verfrachten würde, entweder die Leute reden mit mir Deutsch, aber bei Russisch höre ich viel, verstehe aber nichts. Mit Englisch würde ich aber mehr Erfolg haben (macht 1. Spaß und 2. kann ich's besser). Aber leider komme ich ja nicht so schnell nach Großbritannien.

Naja, lassen wir das, ich reg mich sonst bloß noch auf 3 Seiten über diesen Staat hier auf. Gestern war ich in der Apfelernte. Gleich nach dem Unterricht hat uns ein Bus in die Apfelplantagen gefahren. Wir haben uns dabei auch nicht gerade tot gemacht. In den Ferien oder Hausaufgabenwoche müssen wir nochmal in die Apfelernte. Wir können zwischen Dienstag und Sonnabend aussuchen. Ich muß leider Sonnabend nehmen, weil ich Dienstag mit meinen Eltern nach Leipzig fahre (wir wollen mal an die Hochschule fahren). Gestern war ich zu einer Fete bei Annett. Ich hab gleich dort geschlafen. Es war ganz gut. Wie Du Dir denken kannst, war ich heute in der Schule todmüde. Letzten Sonnabend war ich mit Jana zur Disco. Da wir keine Karten mehr bekamen (zu spät gekommen und dort kennen wir leider noch niemand), sind wir wieder gefahren. Unterwegs ging mein Moped aus. Bis das wieder an war, oh Gott! Kurz vor Dennschütz ging es dann nochmals aus, allerdings mußte ich es schieben, weil es nicht mehr an ging. Hoffentlich findet sich jemand, denn die Zündung einstellen (ich vermute, daß es darum nicht fährt) kann ich nicht. Von WPA habe ich dir schon geschrieben? Ich muß vor den Ferien arbeiten gehen – WPA – wissenschaftlich-praktische Arbeit. Die WPA wird dann jeden Donnerstag in der Schulzeit fortgesetzt. Jedenfalls werden wir dort absolut zum „Gammeln" erzogen. Bei unserer Arbeit kommen wir kaum vorwärts, dafür gehen wir zum Bäcker, schreiben Briefe, machen Hausaufgaben und erzählen uns alles Mögliche. Manchmal ist das ganz schön langweilig (wenn man da zu Hause wäre, könnte man wenigstens machen, was man will). Und letzte Woche haben wir in Russisch eine Kurzkontrolle geschrieben. Diese war unangekündigt und ich hab mal wieder nichts gewußt. Schrecklich! Russisch gehört zu den Fächern, die mir überhaupt nicht gefallen, trotzdem brauche ich dort mindestens eine 2.

In den Ferien hatte ich psychisch mein absolutes Tief. Warum man so was hat, weißt Du ja. Ich habe sogar angefangen zu rauchen, bin dabei es mir wieder abzugewöhnen (war also zum Glück nicht richtig angewöhnt). Nun wird es wohl oder übel wieder gehen. Die Schule lenkt ja enorm ab.

So, mehr fällt mir im Augenblick nicht ein.

Tschüßi, Anke

... und wie ich psychische Wankelmütigkeit kannte! Ich begann zwar nicht zu rauchen, aber mein seelisches Auf und Ab war auch nicht von schlechten Eltern. Pascal und ich schrieben uns zunächst fast täglich, dann nahm der Zyklus proportional ab. Als ich zu Beginn der Sommerferien wieder mit meinen Freundinnen im Schwimmbad war, wir allerlei nette Jungs kennenlernten, verringerte sich auch zusehends mein Interesse an dem süßen Franzosen, der so weit weg war. Schließlich schrieb ich nicht mehr. Aber seine Briefe bewahrte ich in einem wunderschönen Karton auf – und in meinem Tagebuch fragte ich

mich: Wer wird mir wohl jemals wieder so romantische Liebesbriefe schreiben?

### Politik beginnt mich zu faszinieren – September 1987

Der Schulstart fiel nach den Sommerferien immer besonders schwer. Man konnte sich so schön an die sechs Wochen Gammelei gewöhnen. Und doch war es einigermaßen spannend, meine Schulfreundinnen wiederzutreffen, zu erfahren, welche Lehrer welches Fach unterrichteten und wie der Stundenplan aussah. Ich war jetzt in der 11. Klasse, damit gehörte man zur Oberstufe – zu den Großen –, und die 11. galt als entscheidend, welche Kurse man für die letzten beiden Schuljahre wählen und welche Fächer man endlich abwählen konnte. Für mich stand Physik ganz oben auf meiner Abschussliste. Dafür musste ich mich aber noch einmal mächtig ins Zeug legen, denn die Note, mit der ich es abwählte, würde schließlich auch im Abiturzeugnis stehen.

Seit letztem Jahr hatten wir Gemeinschaftskunde und das gefiel mir von Anfang an. Sich mit der Gesellschaft, Wirtschaft und Politik unseres Landes zu beschäftigen war großartig und passte zu meinem politischen Bewusstsein. Auch wenn es an unserer Schule bisher noch nie einen Leistungskurs Politik gegeben hatte, dachte ich darüber nach, dass das genau das Richtige für mich wäre. Zum Glück stand gleich am ersten Schultag Gemeinschaftskunde auf dem Programm.

Unsere Lehrerin schrieb in großen Lettern an die Tafel:

„Was für ein Jahr – Zeiten des Umbruchs"

Still und andächtig lauschten wir ihrer Fragestellung.

„Euer letztes Jahr als Klassenverband hat begonnen und ihr habt die ‚Ehre', einem wirklich ereignisreichen Jahr beizuwohnen. Welche historischen Ereignisse dieses Jahres passen denn zu der Überschrift an der Tafel?"

Mir fiel sofort *das* Ereignis des Jahres ein, über das ich mich auch schon brieflich mit Anke ausgetauscht hatte.

„Na, als Mathias Rust mit seinem Flugzeug auf dem Roten Platz in Moskau landete, das war schon ein Clou!"

„Ja, sehr gut, aber wie passt das zum Thema ‚Zeiten des Umbruchs'?"

Nun musste ich überlegen. Allein schon, dass sich ein 18-Jähriger aus der Bundesrepublik getraut hatte, für den „Weltfrieden" oder zum Spaß (das wusste keiner so genau) den Eisernen Vorhang mit seiner Cessna zu durchbrechen und in Moskau zu landen ... das wäre Jahre zuvor undenkbar gewesen.

„Früher wäre er womöglich einfach abgeschossen worden. Aber sie haben ihn ja sogar landen lassen", erklärte ich meine Ausführung.

„Aber ins Gefängnis kam er doch trotzdem, oder?", fragte Nicole nach.

„Ja, er wurde wegen illegaler Einreise, Verletzung internationaler Flugverkehrsvorschriften und schweren Rowdytums verurteilt", antwortete Frau Schneider. „Aber Stefanie hat recht. Es gab keine unmittelbare Abwehrreaktion. Man vermutet, dass das nur möglich war durch den Prozess der *Perestroika*, den der Generalsekretär der KPdSU Michail Gorbatschow[24] seit Beginn des Jahres umsetzt."

„Was genau passiert da bei dieser *Perestroika?*", wollte ich nun von meiner Lehrerin wissen.

„*Perestroika* ist Russisch und bedeutet Umgestaltung. Gorbatschow hat es sich zur Aufgabe gemacht, die Sowjetunion nicht nur umzubauen, sondern gleichzeitig eine Modernisierung des gesellschaftlichen, politischen und wirtschaftlichen Systems herbeizuführen. Dazu gehört auch eine Aufhebung der Einschränkungen der Meinungs- und Pressefreiheit unter dem Schlagwort *Glasnost*, was so viel heißt wie Offenheit, Redefreiheit, Informationsfreiheit. Insgesamt kann man sagen, dass hier

---

[24] Michail Gorbatschow war von 1985 bis 1991 Generalsekretär des Zentralkomitees der Kommunistischen Partei der Sowjetunion (KPdSU), dem obersten Entscheidungsgremium der Sowjetunion.

gerade eine Demokratisierung stattfindet. Und deshalb sprechen wir momentan auch von ‚Zeiten des Umbruchs'."

Ich wurde nachdenklich. Wenn dem so ist, dann müsste das ja auch Auswirkungen auf die DDR haben.

Als könnte sie meine Gedanken lesen, fuhr Frau Schneider fort: „Daher lässt sich wohl auch erklären, dass US-Präsident Ronald Reagan am 12. Juni zur 750-Jahr-Feier in Westberlin in seiner Rede vor dem Brandenburger Tor den sowjetischen Parteichef aufforderte, die Mauer niederzureißen, und vorschlug, Olympische Spiele in beiden Teilen der Stadt abzuhalten."

Von ihrem Satz hörte ich nur noch „die Mauer niederzureißen" und war mit meinen Gedanken bei Anke und mir. Bestünde nun wirklich die Möglichkeit, dass wir uns nach so langer Zeit endlich sehen konnten?

Aufgeregt platzte ich mit meiner Frage herein: „Als Erich Honecker letzte Woche die Bundesrepublik besuchte, war das in den Gesprächen mit Helmut Kohl auch ein Thema? Was meinen Sie?"

„Du scheinst ja sehr interessiert an diesem Thema zu sein ..."

Bei dieser Lehrerin hatte ich mir auf jeden Fall einen Vorschuss für das Jahr erarbeitet, so viel war sicher.

„Auch das passt zum Thema ‚Umbruch'. Honecker ist immerhin der erste Staats- und Parteichef der DDR, der die Bundesrepublik überhaupt besucht. Und wisst ihr, was das Tollste ist? Ihr seid live dabei in den ‚Zeiten des Umbruchs' – denn unsere Abschlussfahrt in diesem Jahr wird nach ... Berlin gehen, und zwar nach West *und* Ost!"

Das hieß ja, dass ... Der Brief an Anke ging noch am gleichen Nachmittag zur Post. Euphorisch sah ich ihrem Antwortbrief entgegen, was mir einmal mehr klarmachte, wie groß meine Lust war, „meine" Anke endlich kennenzulernen. Plötzlich schien alles möglich.

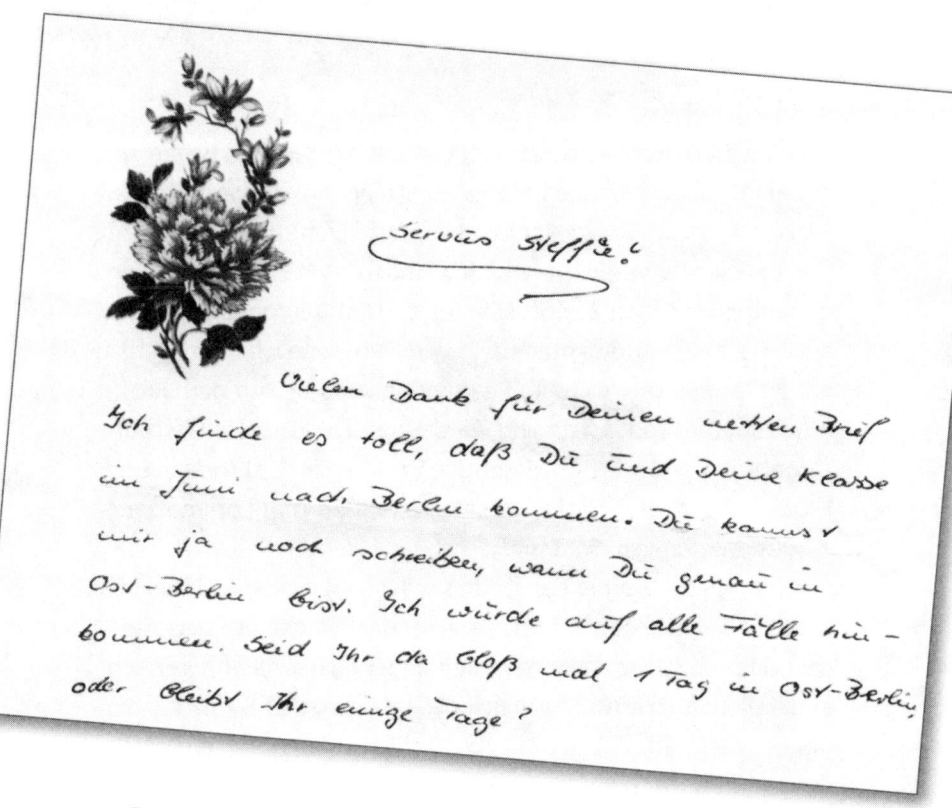

Dennschütz, September 1987

Servus Steffie!

Vielen Dank für Deinen netten Brief. Ich finde es toll, daß Du und Deine Klasse im Juni nach Berlin kommen. Du kannst mir ja noch schreiben, wann Du genau in Ost-Berlin bist. Ich würde auf alle Fälle hinkommen. Seid ihr da bloß mal 1 Tag in Ost-Berlin oder bleibt ihr einige Tage?

Bei mir ist in der Schule jetzt auch Streß (dieses Jahr das Abi, puh!). In der Schule haben wir ja schon jetzt lange alle Studienbewerbungsunterlagen abgegeben. Ich bin ja nun gespannt was wird (erfahre es erst im Februar). Wenn ich den Studienplatz nicht bekomme (was ich stark annehme), hoffe ich, daß ich wenigstens den Beruf „Empfangssekretärin" bekomme.

Aber gestern und heute habe ich Wandertag. Gestern waren wir in Berlin. Aus der Klasse konnte jeder machen, was er wollte in Berlin. Wir (noch 4 Mädchen) sind im Freizeitzentrum schwimmen und Eisessen gewesen. Dann sind wir noch ins Pergamonmuseum gegangen. Ich fand es dort sehr interessant (mir gefällt das Alte aus Griechenland, Ägypten usw., vor allem sehe ich gern Mumien, die waren aber nicht im Pergamonmuseum). Auf dem Rückweg zum Alexanderplatz sind wir dann noch durch die Geschäfte gebummelt. Ich hab da endlich mal Haar-Gel (oder auch Modellier-Gel genannt) erwischt. In Meißen und Lommatzsch gibt es das nämlich nicht, nicht mal der Friseur hat so etwas. Na, nun hab ich's ja (vorher hab ich Rasiergel genommen, geht auch). Gegen 18 Uhr haben wir uns dann an der Weltzeituhr getroffen und sind 19.30 Uhr heimgefahren. Eigentlich wollten wir noch in die Disco am Fernsehturm (ich glaube nicht, daß wir da Karten bekommen hätten) oder in eine Nachtbar. Aber einige wollten schon 19.30 Uhr heim (sonst 0.30) und da sind gleich alle gefahren. Schade! Ich hätte das zu gern mal erlebt. Heute konnten wir alle zu Hause bleiben (andere Klassen sind heute nach Dresden gefahren, oder gleich am Montag nach dem Unterricht in eine Jugendherberge). Letzten Sonnabend war ich noch zu einer Fete. Bei mir zu Hause geht es mal wieder lustig zu. Wir bauen nämlich mal wieder. Der Schornstein in unserer Stube war sehr schlecht. Deswegen mußten wir ihn abreißen und einen neuen bauen. In der Stube haben wir gleich noch den Ofen wegrationalisiert, es kommt ein neuer hin. Du kannst dir sicher vorstellen, wie es da jetzt bei uns in der Stube aussieht. Heute sind die Elektriker da. Wenn Du mal Lust hast, mich zu besuchen, kann ich das auch so machen, daß ich für einen längeren Zeitraum bei uns einreiche[25] und Du kommst dann, wenn es Dir einfällt und wenn Du nichts anderes vorhast.

Für meine Sommerferien habe ich schon ziemlich viel geplant. Ich hatte Dir glaube ich geschrieben, dass wir (Manuela und ich) beim Zelten ein paar Jungs aus Sonneberg kennengelernt haben. Im Sommer fahren wir wahrscheinlich noch mal mit ihnen zelten. Dann habe ich noch bei Jugendtourist Anträge für Reisen laufen. Der eine ist mit Jana zusammen nach Bulgarien oder Ungarn. Und dann habe ich für mich (da hat man zu zweit praktisch keine Chance, deswegen nur für mich) eine Reise nach Frankreich oder Großbritannien beantragt. Über Jugendtourist ist praktisch meine einzige Chance auch mal ins NSW (nicht sozialistisches Wirtschaftsgebiet) zu kommen. Wenn ich es beantrage, heißt das aber noch lange nicht, daß ich fahren kann. Das hängt von so vielen Fakten ab. Unter solche Reisen fallen eigentlich viele Länder (auch die Bundesrepublik). Natürlich sind solche Reisen wahnsinnig teuer (ich hab gehört, daß 1 Reise nach Frankreich für 1 Woche ca. 1000 Mark kostet). Genau kann ich das aber nicht sagen. Außerdem sollen wir Visa-frei nach Finnland fahren können (der Tag kostet 500 M – so wird wenigstens erzählt, gelesen hab ichs noch nirgends), da müßte meine Mutter einen halben Monat dafür arbeiten. Aber das kann ich Dir besser mal mündlich erklären. Natürlich ist es auch möglich, daß ich für Reisen ins NSW gar nicht „zugelassen" werde, deswegen der Antrag nach Bulgarien. Wenn ich über Jugendtourist gar keine Reise bekomme, will Manuela versuchen, daß wir an eine Privatadresse in Bulgarien schreiben und dann hinfahren. Du siehst, also, bei mir ist alles noch unklar. Seit August (letzte 2 Wochen) hab ich mal wieder einen Freund. Allerdings wird das auch nicht allzulange gehen, weil er im Ausland arbeitet (ist aber Deutscher)

[25] Bürger der BRD konnten auf Einladung in die DDR einreisen. Die Einreise musste vorher eingereicht und genehmigt werden (nachzulesen unter: http://www.verfassungen.de/de/ddr/einreisenbrd72.htm).

und nur alle 3 bis 4 Monate für 1 Monat auf Urlaub kommt. Naja, ich werde ja sehen. Auf alle Fälle bin ich nicht der Typ, der während er arbeitet, Trübsal bläst, sondern ich gehe auch zur Disco und zu Feten usw. Schreib mal wieder.

Deine Anke

## Politische Verunsicherungen – Februar 1988

Heidelberg, Februar 1988

Liebe Anke,

ich muß Dir sagen, ich freue mich so wahnsinnig auf unser Treffen in Berlin im Sommer. Wir sind genau 5 Tage da und am 22.6. sind wir in Ost-Berlin. Wäre das für Dich möglich da hin zu kommen?

Bei uns stehen jetzt in der Schule langsam die Kurswahlen an. Wir müssen zwei Leistungskurse wählen, die wir dann fünf Stunden die Woche haben. Ich werde Französisch machen, die Sprache gefällt mir und ich bin von den Noten her ganz gut. Allerdings haben wir auch eine „zahme" Lehrerin. Sie spricht fast nur deutsch mit uns und der Unterricht ist recht easy. Ihr gefällt immer, wie ich lese und prompt bekomme ich eine Eins. Ich kann nur hoffen, daß das dann auch im Leistungskurs so bleibt. Als zweites Fach möchte ich gerne Politik machen. Aber das gab es an unserer konservativen Schule bisher noch nie. Wir sind fünf Interessierte und hatten letzte Woche ein Gespräch mit unserem Direktor. Es kann sein, daß wir als erster Jahrgang tatsächlich einen Politik-Kurs einführen. Das wäre großartig. Es gibt eine tolle, junge, motivierte Lehrerin, die uns gerne unterrichten würde. Ich hoffe, daß es klappt. Eines der Themen wird übrigens auch der Vergleich der beiden Systeme in Ost und West sein. Gerade gestern habe ich in der Zeitung gelesen, daß Michail Gorbatschow gesagt hat, daß jeder sozialistische Staat sein gesellschaftliches System frei wählen könne. Was genau muß man sich da denn darunter vorstellen? Kannst Du Dir das erklären?

Wie sieht es mit Deinem Studienplatz aus? Ich wünsche mir so sehr für Dich, daß Du ihn bekommst.

Für heute schicke ich Dir viele Grüße direkt aus dem Lateinunterricht und bis bald, Steffie

Dennschütz, Februar 1988

Liebe Steffie,

am 1. Schultag nach den Ferien wird uns gesagt, ob wir unser Studium bekommen.

Meine Chancen für ein Studium sind gleich 0, zumindest im Hotelfachbereich. Da sind 16 Bewerber für einen Studienplatz. Wenn man schon die Zahlen hört (Binnenhandel: 6 Bewerber auf einen Studienplatz, Spezialrichtung H.u.G. 16 Bewerber pro Studienplatz), kann einem Angst und Bange werden. Natürlich werden da erst mal die Kellner und Köche mit Abi genommen, EOS kommt zuletzt. Und dann meine Zensuren. Naja, ich werde ja sehen, ich hoffe nur, daß ich nicht was ganz anderes machen muß, denn um jeden Preis was studieren und dann gefällt's mir doch nicht, will ich auch nicht. Da muß ich halt nach dem Abi einen Beruf lernen.

Letzten Dienstag waren wir deshalb in Dresden (meine Eltern und ich). Wir waren in dem Personalbüro vom Hotel und dort haben wir uns erkundigt nach „Empfangssekretärin". Jetzt überlege ich doch, ob ich es wirklich machen will, denn da kann ich mich erst im Mai bewerben. Außerdem (was mir am wenigsten gefällt), müßte ich evt. 2 oder 3 Jahre als Hilfsarbeiter arbeiten und kann dann erst meinen Facharbeiter machen. Natürlich, wenn ich Glück hätte, könnte ich vielleicht gleich den Facharbeiter machen, das aber nur, wenn ich in die Partei eintrete. Das mit der Partei wird natürlich nicht offen gesagt, aber man konnte es deutlich genug heraushören. Naja und für die Partei habe ich absolut keine Lust. Jetzt überlege ich schon, was ich da noch lernen könnte. Ist ziemlich schwer.

Aber jetzt ist erst einmal Fasching. Ich hätte ja nie gedacht, daß Fasching so toll ist. An Karten kommt man meist nur durch Beziehung, naja, ist halt so, wenn alles zum Fasching gehen will. Das einzige, was am Fasching stört ist, daß das Kostüme nähen so viel Zeit kostet.

Theoretisch könnte ich am 22. Juni nach Berlin kommen, ich hoffe ja, daß da keine mdl. Prüfungen mehr sind, aber die wären auch bloß Vormittags. Wie lange seid ihr denn dann in Ost-Berlin? Ich meine, seid ihr mit dem Reisebus dort und müßt alle zur gleichen Zeit wieder über die Grenze? Aber bis Juni ist ja noch ein wenig Zeit, ich werde Dich da bestimmt noch mal anrufen. Deine Anke

Als ich an diesem Nachmittag den Hobbyraum meiner Eltern für die Faschingsparty vorbereitete, musste ich immer wieder an Ankes Satz denken: „... wenn ich Glück hätte, könnte ich vielleicht gleich den Facharbeiter machen, das nur, wenn ich in die Partei eintrete."

Im Gegensatz zu Anke fühlte ich mich einer Partei zugehörig, der SPD, aber sie war nicht die einzige Partei in unserem Land und an der Regierung war sie momentan auch nicht. Mein bester Freund Thomas tendierte zur FDP, und obwohl ich das inhaltlich gar nicht verstehen konnte, akzeptierten wir, dass wir politisch anderer Meinung waren, und natürlich konnten wir trotzdem befreundet sein. Ich liebte ja auch meinen Vater, obwohl er glühender Anhänger der CDU war.

Dass aber eine einzige Partei, im Falle der DDR die Sozialistische Einheitspartei Deutschlands SED, solch eine Macht über die Bürger ihres Landes hatte, war für mich unvorstellbar. Überhaupt, dass es faktisch nur eine Partei[26] gab, die keine Opposition duldete, machte mir deutlich, dass ich eine andere Vorstellung von Demokratie hatte. Als Massenpartei war mir zwar der Anspruch klar, alle Strömungen der Gesellschaft widerzuspiegeln. Auch las ich mittlerweile mit großem Interesse die Schriften von Karl Marx und fand seine Ansätze durchaus überden- kenswert. Aber dass jeder Bereich des öffentlichen Lebens dem Einfluss der SED unterlag und damit auch Ein- griffe in die Privatsphäre der Bürger zu ihrem Selbstverständnis gehör- ten, das widersprach meiner Frei- heitsauffassung. Dass berufliches Weiterkommen davon abhängen sollte, ob man „Genosse/in" war, das passte doch gar nicht zur ur- sprünglichen Idee der „Diktatur des Proletariats"[27] – oder etwa doch?

Stefanie und Thomas

Thomas riss mich aus meinen Gedanken: „Hey, du kommst ja gar nicht voran. Wo bist du denn mit deinen Gedanken?"

---

[26] Neben der SED gab es noch vier weitere Parteien, die Christlich Demokratische Union (CDU), die Liberal-Demokratische Partei Deutschlands (LDPD), die Natio- nal-Demokratische Partei Deutschlands (NDPD) und die Demokratische Bauern- partei Deutschlands (DBD). Diese Parteien nannte man Blockparteien, die mit der SED in der „Nationalen Front" zusammengeschlossen waren. Der Führungsan- spruch war der SED vorbehalten und in der Verfassung festgelegt.

[27] Kampfbegriff des Marxismus-Leninismus

Ich war mir nicht sicher, ob ich mit ihm darüber sprechen konnte.

„Darf ich dich mal was fragen?"

„Du weißt, du darfst mich immer alles fragen. Wieder Probleme mit einem Kerl?"

„Hältst du mich für so oberflächlich? Es dreht sich nicht alles nur um Jungs!"

Thomas lächelte mich ungläubig an. „Na, bei den letzten Partys, die wir hier gefeiert haben, drehte es sich bei dir ausschließlich um Jungs. Ich erinnere nur an Silvester ..."

„Dieses Mal geht es aber echt um was Ernstes. Kann man dich dafür auch gebrauchen?", unterbrach ich ihn schroff.

Nun war Thomas beschämt. Wir waren seit einigen Jahren beste Freunde geworden, wie man es zwischen Junge und Mädchen in diesem Alter selten findet. Ihm vertraute ich, und ich freute mich bereits darauf, mit ihm und Claudi in diesem Sommer zum ersten Mal wirklich allein in die Ferien zu fahren. Wir wollten mit dem Bus nach Griechenland und meine Eltern hatten zugestimmt. Also, wenn ich ihn nicht um Rat fragen konnte, wen dann?

„Sag mal, meinst du, ich kann Anke in meinem Brief etwas über politische Missstände in der DDR und über meine Meinung zur SED schreiben?"

Thomas ließ die Luftschlange sinken, die er gerade aufhängen wollte.

„Du willst mit mir über Politik reden?"

Ich erzählte ihm von Ankes „Zwang", in die Partei einzutreten, falls sie studieren wollte. Thomas war fast genauso fassungslos wie ich.

„Ganz schön mutig von ihr, dir zu schreiben, dass sie darauf keine Lust hat. Der Brief ist doch 100 Prozent geöffnet und gelesen worden."

„Was? Wir sind doch nur zwei Mädchen, die sich harmlose Briefe schreiben, da werden die schon nicht ständig kontrollieren."

„Steffie, ein bisschen naiv bist du schon, oder?"

„Wieso? Es gibt hier wie dort das Briefgeheimnis."[28]

„Das durch die Stasi[29] ständig gebrochen wird! Dort gibt es eine eigenständige Abteilung für die Postkontrolle; das heißt, das läuft ganz systematisch ab!"

„Das heißt, die arbeiten mit der Post zusammen? Aber dann muss die Post das doch erst mal der Stasi weiterleiten."

„Nein, ich glaub, das läuft anders herum. Die Post – egal ob von West nach Ost oder umgekehrt – kommt zuerst zur Stasi, die filtern und untersuchen sie und dann erst wird sie weitergeleitet ..."

„Dass diese Überwachung so weit geht, kann ich mir einfach nicht vorstellen!"

„Was meinst du, warum Anke keinen Studienplatz bekommt? Nach diesem Brief an dich kann sie das jetzt ganz vergessen. Also, wenn du ihr nicht noch mehr schaden willst, dann halte dich zurück."

Am Abend feierten wir mit unseren Freunden zwar eine ausgelassene Faschingsfeier, aber das Gespräch mit Thomas hing mir noch lange nach – und ich hatte begriffen, dass Verkleiden nicht nur an Fasching angesagt war, sondern in Zukunft auch bei meinen Briefen.

## Die Vorbereitungen auf das große Treffen laufen an – Frühjahr 1988

Der Gedanke an die Maßnahmen der Staatssicherheit[30] ließen mich nicht los. Was hatte ich Anke bisher geschrieben, das für die Behörden von Interesse hätte sein können ... hatte ich unsere Freundschaft wo-

---

[28] Artikel 10 des Grundgesetzes der Bundesrepublik Deutschland sowie Artikel 31 der Verfassung der DDR

[29] Stasi: Staatssicherheitsdienst bzw. Ministerium für Staatssicherheit in der DDR; Nachrichtendienst und Geheimpolizei der DDR sowie Überwachungsinstrument der SED zur Bespitzelung der DDR-Bevölkerung

[30] Zu diesen Maßnahmen gehörten beispielsweise Wohnungsdurchsuchungen, Beschattungen, Verhaftungen.

möglich in Gefahr gebracht – oder hatte ich womöglich sogar unwissentlich Ankes berufliche Zukunft in Gefahr gebracht?

Während Gorbatschow mit seiner *Perestroika* wohl wirklich im Sinn hatte, den Sozialismus zu reformieren, schien man in der DDR die Augen davor zu verschließen. Ich informierte mich intensiv, was mit den Menschen passierte, die sich offen gegen das System stellten. Von politischen Häftlingen in Hohenschönhausen war die Rede und sogar von Folter. Von furchtbaren Repressalien las ich, die so weit gingen, dass Müttern ihre Kinder weggenommen wurden. Oder dass Familien getrennt wurden, indem ein Teil ausgewiesen wurde und der andere Teil der Familie bleiben „musste".

Was, wenn Anke durch mich ernsthaft in Schwierigkeiten geraten sollte? Was, wenn sie auch einen sogenannten IM hatte, der sie ausspionierte?[31]

Ich musste ihr bei unserem Treffen im Juni unbedingt davon erzählen und sie warnen. Sie durfte mir keine politischen Statements mehr schreiben – auch wenn ich noch so neugierig und interessiert war. Wahrscheinlich würde uns der eine Tag gar nicht ausreichen, um alles miteinander zu besprechen ... aber es versetzte mich schon jetzt in helle Aufregung, dass ich also tatsächlich in die Hauptstadt der DDR reisen würde und – endlich – mit Anke persönlich sprechen könnte. Ob es bestimmte Verhaltensregeln in der DDR zu beachten gab?

---

[31] IM: Informeller Mitarbeiter, Spitzel und Zuträger von Informationen der Stasi, aus allen Bereichen der Gesellschaft

Dennschütz, April 1988

Herzliche Glückwünsche zum Geburtstag

Und viel Gesundheit und daß alles, was Du Dir wünschst, in Erfüllung geht, wünscht Dir Deine Anke.

Bitte entschuldige, daß ich Dir erst jetzt schreibe. Das Geschenk zu deinem Geburtstag gebe ich Dir, wenn wir uns in Berlin treffen, da es beim Schicken nicht durch den Zoll geht. Du hast geschrieben, daß Du womöglich gar nicht von der Gruppe freikommst. Ich finde so furchtbar schlimm ist das gar nicht, wenn Du mir so ungefähr schreiben könntest, wo ihr in Berlin hingeht. Ich könnte Dich ja da mal abpassen.

Meinen Studienplatz habe ich ja nun nicht bekommen. Ich werde also in Lommatzsch in einem Betrieb anfangen und dort im Rahmen der Erwachsenenqualifizierung meinen Facharbeiter als Wirtschaftskaufmann machen. Der Betrieb möchte am liebsten, daß ich den eben angefangenen Lehrgang mitmache, na mal sehen.

*Anke mit etwa 17 Jahren*

Außerdem soll ich gleich im Oktober eine Deligierung für ein Studium (sozialistische Betriebswirtschaft, Maschinenbau) bekommen, damit ich 1989 mit studieren anfangen kann. Das einzige, was mich überhaupt an dem Studieren reizt, ist, daß ich in Berlin studieren müßte. Was wirst Du nun eigentlich studieren? Macht Dir die Schule überhaupt noch Spaß? Für mich könnte das Leben zur Zeit nur aus Partys und Discos bestehen.

Auf die mündlichen Prüfungen, die bald beginnen, bereite ich mich noch nicht vor. Am 22.6. habe ich hoffentlich auch keine Prüfung, denn sonst bin ich erst so spät in Berlin. Übrigens wegen Berlin rufe ich Dich nochmal an. So, nun ist meine Chemie-Stunde gleich zu Ende. Hörst Du? Es hat eben geklingelt.

Tschüßi bis zum Anruf, Anke

PS. Überleg Dir mal, was Du in Berlin alles sehen möchtest. Verhaltensregeln brauchst Du auch keine. Benimm Dich, als wärst Du zu Hause. Weiteres am Telefon.

Das Telefon klingelte und da es zu 90 Prozent eine meiner Freundinnen war, mit denen ich in der Regel mindestens eine Stunde telefonierte, bemühte sich meine Mutter gar nicht erst, aus der Küche in den Flur zu eilen, um noch dazu festzustellen, dass der Apparat im oberen Geschoss am Ende der Treppe auf dem Boden stand – so weit reichte das Kabel und hier konnte ich wenigstens ansatzweise in Ruhe sprechen.

„Ja?", meldete ich mich ganz „up to date", ohne meinen Namen zu nennen. Ich konnte nur ein furchtbares Rauschen hören. „Hallo?"

„Ja, hallo, wer ist denn am Apparat? Steffie, bist du es? Hier spricht Anke."

Ganz leise und fast ängstlich sprach die fremde und mir doch so vertraute Stimme ins Ohr. Ich brauchte einen kleinen Moment, um zu begreifen, dass sie es tatsächlich war, die ich am anderen Ende der Leitung hatte.

„Ja, hier ist Steffie. Anke, bist du es wirklich?"

„Aber klar doch, hörst du nicht das Rauschen im Hintergrund? Wo sollte das sonst herkommen?"

Nun mussten wir beide lachen – und auch wenn es uns nicht möglich war, eine Stunde miteinander zu sprechen, so verlief unser Telefonat genauso vertrauensvoll wie unsere Briefe formuliert waren. Über ihre Berufswahl konnte beziehungsweise wollte sie mir am Telefon wenig erzählen, das verschoben wir auf unser Kennenlernen. Am 22. Juni sollte es endlich so weit sein!

Ich hatte mit meiner Klassenlehrerin gesprochen, die von der Geschichte ganz gerührt war. Zwei Mädchen, die sich zehn Jahre nur geschrieben und sich auch nur wenige Male am Telefon gehört hatten, sollten sich endlich sehen. Dafür durfte ich das Kulturprogramm in Ostberlin, das für uns geplant war, gerne „schwänzen". Allerdings war es mir nicht gestattet, mich allein mit Anke zu treffen. Ich wählte Tanja, meine Klassenkameradin, mich zu begleiten. Und ob der Feind irgendwo mithörte, das wussten wir nicht – das war uns aber in diesem Moment auch egal.

Wir würden uns in Berlin treffen – und das war die Hauptsache!

## Berlin, du faszinierende Stadt – Juni 1988

Der Himmel über Berlin schien in der Tat von Engeln[32] beseelt zu sein, als unsere Klasse dort ankam.

Es war für mich bereits der zweite Besuch dieser besonderen Stadt. Drei Jahre zuvor hatte ich bereits das Glück gehabt, mit Claudi und ihrem Vater nach Westberlin, in die „Stadt im Exil", zu reisen; durch dessen Geschäftsverbindungen nächtigten wir damals im Hotel Kempinski und bekamen dort sogar Franz Beckenbauer zu Gesicht. Doch meine Erinnerungen an diesen grandiosen Kurztrip beschränkten sich

---

[32] Ein Jahr zuvor feierte Wim Wenders große Erfolge mit seinem poetischen filmischen Meisterwerk „Der Himmel über Berlin".

*Berlinbesuch 1985 mit Claudi und ihrem Vater*

weniger auf Franz Beckenbau-er, sondern kreisten vielmehr um die „Aussichtsplattform" auf dem „Platz vor dem Brandenburger Tor"[33] – dort hatte ich gestanden und einen unwirklichen Blick über die Mauer in den Ostteil der Stadt geworfen, kaum begreifend, dass ich der Freiheit beraubt war, durch dieses beeindruckende Wahrzeichen hindurchzugehen.

In der Ferne und doch so nah hatte ich die Soldaten der NVA[34] mit ihren Maschinengewehren gesehen, die eine Grenze sicherten, die nicht nur ein Land, sondern auch seine Menschen trennte.

Hier befand sich kumuliert *der* Konfrontationspunkt des Kalten Krieges. Ich erinnerte mich noch genau, wie deprimiert ich gewesen war: Ankes und meine Situation verortet an diesem einen Platz in Berlin – und doch hatte *ich* von der kleinen Plattform wieder heruntersteigen und wenig später in das bunte Leben auf dem Ku'damm eintauchen können, dem Nabel Westberlins. Dass wir auf einer Insel der Glückseligen lustwandelten, war mir mit 14 nicht ganz so bewusst gewesen. Nun war ich 17, politisch hoch interessiert, und mein jetziger Berlinaufenthalt sollte alles bisher Dagewesene übertreffen: Ich würde Anke Auge in Auge gegenüberstehen – im anderen Teil der Stadt.

---

[33] Heute Platz des 18. März. Der heutige Name soll an die Ereignisse am 18. März sowohl des Jahres 1848 (Märzrevolution) als auch des Jahres 1990 (erste freie Volkskammerwahl in der DDR) erinnern.

[34] NVA: Nationale Volksarmee, Armee der DDR

„Lasst uns heute Abend unbedingt zum Reichstag gehen – wenn wir schon Pink Floyd verpasst haben, sollten wir uns wenigstens Michael Jackson nicht entgehen lassen."

Nicole war aufgeregt und versuchte die halbe Klasse davon zu überzeugen, dass der Höhepunkt unseres Aufenthalts nicht im Schulprogramm, sondern heute Abend auf dem Platz der Republik stattfand. Und auch ich war Feuer und Flamme. So machten wir uns auf in Richtung Reichstagsgelände. Schon von Weitem ertönten die ersten Beats von Jacksons erstem Konzert in Deutschland auf seiner „Bad World Tour", zu der (wie wir am nächsten Tag in den Zeitungen lesen konnten) über 50.000 Besucher gekommen waren. Und wir waren fünf davon.

„Siehst du was?" Tanja war bereits leicht genervt, weil schon der Weg zum Konzertgelände gnadenlos überlaufen war. Nun standen wir am Zaun, der uns vom eigentlichen Innenraum trennte, hatten keine Karten und alles war bereits so überfüllt, dass ein Reinkommen unmöglich schien.

„Wenn ich mich ganz ordentlich strecke, geht's!"

Es war zwar mühsam, aber ich schaffte es doch ab und an, einen Blick auf die Bühne in weiter Ferne zu erhaschen. Die Abmischung war zwar miserabel, aber ich sah ihn: den Moonwalk live. Michael Jackson war einfach genial: wie er sich bewegte, wie er sang. Solch einen Ausnahmekünstler hier in dieser Atmosphäre zu erleben toppte meine Konzerterlebnisse. Zwar war ich mittlerweile auf einigen BAP-Konzerten gewesen, die waren jedoch eher intim. Das hier, das war die große Show.

„Wisst ihr eigentlich, dass jetzt gerade Bryan Adams auf der ‚Friedenswoche der Berliner Jugend' in Weißensee spielt? Sollen wir mal versuchen, da hinzukommen?", scherzte Nicole.

„Komm, hör auf!", erwiderte ich leicht gereizt. „Ich war schon ganz neidisch, als Depeche Mode im März als Geburtstagsgeschenk für die FDJ gespielt haben. Könnt ihr euch das vorstellen? Gab aber eh nur 6000 Tickets."

„Wahrscheinlich nur an getreue FDJ-ler, oder?"

„Anke hat erzählt, auf dem Schwarzmarkt wurden die Tickets sogar gegen Trabis eingetauscht, Hammer, was?"

„Sagt mal, aber dieser Konzert-Krieg ist ja schon nicht normal, oder?"

„Keine Ahnung, wer jetzt mit diesem Rüstungswettlauf begonnen hat. Wahrscheinlich hat Honi etwas initiiert, daraufhin musste der Westen nachziehen und dann musste die DDR wieder handeln."

„Immerhin profitieren die Musikfans in Ost und West davon", räumte Nicole ein. „Ich kann mir vorstellen, dass hinter der Mauer auf der anderen Seite einige genau wie wir vor einem Zaun stehen und wenigstens die Musik mitkriegen wollen, wenn man schon nichts sieht."

Unterdessen kamen uns Christine und Andrea völlig berauscht entgegen. Sie waren vor Begeisterung gar nicht mehr zu bremsen. Sie hatten es tatsächlich geschafft „reinzukommen" – ob sie mehr gesehen hatten als wir, war dahingestellt.

„Was ist, Mädels? Und, gehen wir jetzt noch in eine Disco? In Berlin gibt's ja keine Sperrstunde."

Im Westberlin der 80er schien es die tatsächlich nicht zu geben. Das hier war Großstadt, das war Abenteuer. Und wir waren mittendrin in einer geteilten Stadt.

### Die Nervosität vor dem ersten Treffen steigt – 22. Juni 1988

Am Morgen des 22. Juni wachte ich früh auf, um nicht zu sagen, ich hatte die Nacht davor kaum geschlafen. Und das lag nicht nur an unserem intensiven Programm, das wir zu absolvieren hatten: Da waren die bunt bemalte Mauer[35], das Mauermuseum am Checkpoint

---

[35] Diese „Mauerkunst" gab es logischerweise nur auf der Westberliner Seite der Mauer. Auf der Ostberliner Seite kamen die Menschen aufgrund des Sperrstreifens nicht an die Mauer heran.

Charlie[36], Schloss Charlottenburg, der Zoo, die Siegessäule, die Kaiser-Wilhelm-Gedächtniskirche, das Café Kranzler auf dem Ku'damm, das KaDeWe[37] und natürlich der Reichstag. Kreuzberg versuchte unsere Lehrerin tunlichst zu vermeiden, denn dort gab es „Instandbesetzer", junge Leute, die leerstehende Wohnungen besetzten und dort alternative Wohnformen ausprobierten. Uns faszinierten die Hausbesetzer, wir konnten uns das gar nicht vorstellen. Aber wir kamen eben aus der süddeutschen Provinz und das wurde uns in dieser aufregenden Stadt immer wieder vor Augen geführt.

Heute jedoch sollten wir nach Ostberlin fahren – und ich würde endlich Anke treffen. Doch was, wenn wir uns gar nicht verstünden? Was, wenn unsere persönliche Begegnung gleichzeitig das Aus für unsere Brieffreundschaft wäre?

Was, wenn ...?

Ich versuchte, nicht daran zu denken, denn ich freute mich riesig auf die Begegnung mit ihr. Als Grenzübergangsstelle diente der S- und U-Bahnhof Friedrichstraße. Unsere Lehrerin erklärte uns kurz vor dem Einsteigen in die U-Bahn das genaue Prozedere.[38] Vor der Grenzkontrollstelle erfolgte eine Teilung nach Staatszugehörigkeiten. Wir waren „Bürger der BRD" und konnten nach Vorlage des Reisepasses direkt einreisen. Allerdings gab es drei Passkontrollen, außerdem sollten wir uns auf eine Wartezeit einrichten, die wir eventuell getrennt voneinander in Warteräumen verbringen müssten. Meine Aufregung wuchs mit jeder Belehrung meiner Lehrerin, wie wir uns – am besten

---

[36] Das „Mauermuseum – Museum Haus am Checkpoint Charlie" wurde bereits 1963 in unmittelbarer Nähe zur Berliner Mauer am Grenzübergang „Checkpoint Charlie" eröffnet und dokumentiert auf eindrückliche Weise geglückte Fluchten.

[37] KaDeWe: Kaufhaus des Westens, eröffnet 1907, früher und heute eines der größten Luxuskaufhäuser Europas

[38] Nachzulesen unter: http://de.wikipedia.org/wiki/Bahnhof_Berlin_Friedrich straße#1945_bis_1961_.E2.80.93_Nachkriegsjahre_in_der_DDR

unauffällig – zu verhalten hätten. Was, wenn die Grenzbeamten von meinem Briefkontakt zu Anke wussten? Was, wenn sie mich deswegen nicht einreisen ließen?

Was, wenn ...?

Meine Gedanken wurden jäh unterbrochen, da wir angekommen waren. Im Tunnel waren wir eingestiegen, im Tunnel stiegen wir wieder aus. Mir fielen sofort die hässlich gefliesten Wände ins Auge, die mich an das alte Badezimmer meiner Großmutter erinnerten und nicht gerade einladend aussahen. Es gab eine Schlange und wir mussten warten. Die Nervosität stieg und damit auch die Angst. Dieser andere Teil Deutschlands empfing einen nicht gerade euphorisch.

Dann war ich an der Reihe. Der Grenzer verglich meinen Ausweis mit mir. Mehrfach schaute er mir direkt in die Augen und dann wieder auf das Bild meines Passes. Ich war mir sicher, er konnte all meine Gedanken lesen. Es waren Gedanken, die ich allerdings nicht mit ihm teilen mochte. Selbst wenn er es aber konnte, ließ er mich ... durch.

Durchatmen.

Beachten Sie bitte folgende Information über einige zur Ein- und Ausfuhr nicht zulässige Gegenstände:

## Einreise

● Schußwaffen, patronierte Munition, Schußgeräte (darunter Druckluftwaffen, Start- und Gaspistolen, Gassprays, Harpunen), Kartuschen, Sprengmittel, pyrotechnische Erzeugnisse, Hieb- und Stichwaffen sowie Nachbildungen von Schußwaffen und Vorderladern, soweit nicht im Einzelfall eine Genehmigung erteilt worden ist;

● Suchtmittel, Betäubungsmittel u. a. Gifte;

● Funksende- und Funkempfangsanlagen sowie Ersatz- und Zubehörteile dazu (ausgenommen davon sind Funksende- und Funkempfangsanlagen, für deren Mitführen die erforderliche Genehmigung der Organe der DDR vorliegt oder beim Grenzübertritt erteilt wird);

● Fernsehgeräte sowie Ersatz- und Zubehörteile dazu. Videogeräte und eine angemessene Anzahl von Videokassetten können als Reisegebrauchsgegenstand in Übereinstimmung mit Dauer und Zweck der Reise vorübergehend eingeführt werden;

● Literatur, sonstige Druckerzeugnisse oder andere Materialien, wenn sie gegen die Erhaltung des Friedens gerichtet sind, revanchistischen, faschistischen oder pornographischen Inhalt haben oder in anderer Weise den Interessen der DDR und ihrer Bürger widersprechen;

● gebrauchte Gegenstände als Geschenk (ausgenommen davon sind gebrauchte Textilien und Schuhe, wenn diese nach der letzten Benutzung gewaschen oder gereinigt wurden);

● Arzneimittel (ausgenommen davon ist der persönliche Reisebedarf);

● visuell nicht lesbare Ton-, Daten- und Informationsträger (ausgenommen davon sind Schallplatten, Magnettonbänder und Tonbandkassetten);

● Briefmarken, ungültige Zahlungsmittel und Münzen.

*Merkblatt für Einreisemodalitäten der DDR*

Die erste Hürde war genommen und ein kleiner Stein fiel mir vom Herzen. Allerdings hatte ich den Warteraum vergessen. Ein fensterloser, kalter Raum, in dem einem die Minuten des Wartens wie Stunden vorkamen. Auch mein Angstschweiß wurde langsam kälter.

Was, wenn ...?

Doch auch dann die Erleichterung: Ich durfte weiter und musste meine West- in Ost-Mark umtauschen. 25 Deutsche Mark Zwangsumtausch, wofür man auch 25 Mark der DDR bekam – vielleicht waren ja ein paar Souvenirs drin, wenn nicht, konnte Anke das Geld sicher gut gebrauchen. Und bevor ich schließlich die Hauptstadt der DDR betrat, sah ich als Erstes und zum ersten Mal einen „Intershop", von dem mir Anke so viel erzählt hatte. Ich musste lächeln. Ich wollte unbedingt hineingehen, den Geruch wahrnehmen, den mir Anke geschildert hatte, aber ich musste weiter, schließlich wartete jemand jenseits beziehungsweise diesseits der Grenze auf mich.

## Ein Traum wird wahr – 22. Juni 1988

Es war unbeschreiblich. Da standen wir. Auge in Auge. Und waren beide so aufgeregt – vor allem aber waren wir glücklich. Ich dachte auch gar nicht darüber nach, sondern fiel meiner langjährigen Brieffreundin direkt in die Arme. Einen kurzen Moment beschlich mich das Gefühl, sie damit etwas zu überfordern, aber der Moment währte nur kurz – genauso wie die Sprachlosigkeit in den ersten zehn Sekunden. Was dann folgte, war das, was bei allen weiblichen Teenagern folgen musste. Wir plapperten unentwegt.

Ostberlin und alles andere um uns herum hatte ich vergessen; ich wusste, was ich heute den ganzen Tag über machen wollte: Ich wollte alle Gespräche nachholen, die wir in den letzten zehn Jahren nicht persönlich hatten führen können. Deshalb entschlossen wir uns, die Besichtigungstour sehr kurz zu halten – Weltzeituhr, Berliner Dom, Palast der Republik, Fernsehturm – und zügig in ein echtes ostdeutsches „Kaffeehaus" zu gehen. Tanja nahmen wir in unsere Mitte, und auch wenn sie sich etwas fehl am Platz vorkommen musste, trug sie es mit Fassung, und ich war froh, dass ich sie ausgewählt hatte, mich zu begleiten.

*Beim Treffen mit Anke in Ostberlin*

Ich blickte um mich und sah rundherum diese riesigen Hochhäuser am Alexanderplatz. Ich fragte mich, wie man diese Art der Architektur zulassen konnte. Tanja und mich erinnerten die Fassaden an die alten Randbezirke westdeutscher Großstädte – Gebäude, die in den 60ern oder frühen 70ern erbaut worden waren und seitdem nicht renoviert wurden.

„Was schaust du denn so? Gefällt dir unsere Hauptstadt nicht? Das ist die moderne Großstadt des Ostens", scherzte Anke, die sofort meine kritischen Blicke bemerkte.

„Na ja, ganz ehrlich – schön ist anders", versuchte ich mehr oder weniger diplomatisch zu antworten.

„Du hast unsere Platte noch nicht gesehen, da würdest du Bauklötze staunen."

„Eure Platte?" Tanja schaute mich irritiert an.

„Unsere Plattenbauten."

„Und was ist das hier um uns herum? Keine Platte?" Ich schien wirklich in einer anderen Welt angekommen zu sein. Alle Häuser sahen so aus, als könne der Begriff „Plattenbauten" auf sie zutreffen.

„Ne, Plattenbauten sind Wohnblöcke. Hier hast du ja Geschäftshäuser. Unsere Regierung hat seit den 50er-Jahren und vor allem ab den 70ern Wohnraum geschaffen, indem sie riesige Wohnanlagen errichtete, so sind ganze Stadtviertel neu entstanden."

„Und warum heißt das jetzt Plattenbau? Weil sie alle ein Flachdach haben?"

Anke lachte. „Das haben sie zwar auch, aber die kompletten Häuser sind tatsächlich aus Platten gebaut, Betonfertigteilen."

„Quadratisch, praktisch, gut!"[39], lachte Tanja, doch Anke schien den Witz nicht zu verstehen.

„Ja, in der Tat. Die Wohnungen sind sehr begehrt", stimmte sie zu.

„Im Ernst?"

„Schließlich hat jede Wohnung eine eigene Nasszelle, also ein Bad, mit Kalt- und Warmwasser, die meisten haben Zentralheizung und manche heutzutage sogar einen Telefonanschluss."

Anke schien in Träumen ihre eigene Wohnung bereits vor sich zu sehen. „Wird aber schwierig ranzukommen, weil der Staat ja den Wohnraum verteilt."

Wir beiden BRD-Mädchen schwiegen. Ich lebte in einem Reihenhaus, das unser Eigentum war, hatte zwei eigene Zimmer zur Verfügung und ohne Bad und Toilette mochte ich mir ein Zuhause gar nicht ausmalen.

„Und die Wohnungen sind dann auch alle gleich?" Tanjas Stimme war nun sehr leise und vorsichtig geworden.

„So ziemlich, ja. Übrigens auch von innen. Das ist praktisch: Wenn die Wohnungen alle gleich sind, können sie auch die Möbel nach Einheitsmaß produzieren: einen ‚Mufuti' – also Multifunktionstisch –, eine Klapp-Couch, die man zum Bett verwandeln kann, und natürlich ‚Karat', eine Schrankwand fürs Wohnzimmer. So, aber wollen wir jetzt noch weiter über unsere Arbeiterschließfächer[40] sprechen oder gehen wir endlich was trinken und unterhalten uns über das Wesentliche?"

Auch das Café, das Anke für uns ausgesucht hatte, sah aus, als sei

---

[39] Ein im Westen allseits bekannter Werbespruch der Schokoladenmarke Ritter Sport

[40] Satirischer Ausdruck für Plattenbauwohnungen

es den frühen 70ern entsprungen. Und dies galt nicht nur für das Interieur. Es gab sogar Kellner in altmodischen schwarzen Anzügen und ich stiefelte mit einem freundlichen „Hallo" direkt an einem der Pinguine vorbei.

„Da hinten ist ein Tisch frei", rief ich meinen Freundinnen freudig zu.

Anke stand immer noch in der Nähe der Eingangstür und wedelte mit ihren Händen, was ich so deutete, dass ich – warum auch immer – wieder zurückkommen sollte. Aber dies hieß, dass wir riskierten, den super Tisch zu verlieren, den ich mit einem einzigen Rundumblick für uns ausgesucht hatte. Da ich mich nicht schnell genug bewegte, kam Tanja auf mich zu, packte mich am Arm und zog mich zurück. Die Gäste des Cafés blickten mich befremdlich an und ich nahm hie und da ein Kopfschütteln wahr. Einer der Kellner stand direkt neben Anke und ich hörte gerade noch ihr „Entschuldigen Sie bitte!", als ich im Schlepptau von Tanja wieder bei ihr ankam.

„Was ist denn bitte schön los?", fragte ich begriffsstutzig.

„Oh Mann, Steffie, das war ja gleich das erste Fettnäpfchen auf dem Boden der DDR."

Tanja begann zu lachen und Anke, die die ganze Zeit etwas unsicher wirkte, stimmte mit ein.

„Als ich dir schrieb: Benimm dich, als wärst du zu Hause, habe ich bestimmte kulturelle Unterschiede offenbar nicht bedacht. Also, Regel Nr. 1: In unseren Kaffeehäusern und Restaurants wirst du platziert." Und leise flüsterte sie uns beiden zu: „Bei uns wird eben alles zugeteilt!"

Höflich rief sie nun noch einmal den Kellner und fragte, welchen Tisch er denn für uns drei zur Verfügung hätte. Gott sei Dank verstand auch er etwas Spaß und antwortete halb ermahnend, halb augenzwinkernd: „Die forsche junge Dame hat sich ja bereits einen Tisch ausgesucht. Sie haben Glück. Dieser ist noch frei. Bitte schön, ich führe Sie hin."

„Hat er uns gerade gesiezt?" Tanja war noch ganz benommen.

„Ja, klar. Wir sind ja schließlich bald volljährig, da ist das bei uns üblich. Auch in der Schule."

„Wir werden ab dem nächsten Schuljahr in der Oberstufe gefragt. Aber mal echt, wieso sollten uns Lehrer, die uns vorher schon hatten, plötzlich siezen? Ich finde das affig."

Trotzdem fühlte ich mich schon sehr erwachsen und bedeutungsvoll, dass sogar ein Kellner eines Lokals dermaßen respektvoll mit uns umging. Wenn wir in Heidelberg in die Kneipe gingen, dann interessierte sich die Bedienung eher weniger dafür, wie sie uns behandelte, sondern nur dafür, was wir konsumierten. Ob das auch wieder der Unterschied zwischen dem kapitalistischen und dem sozialistischen System war? Vielleicht zeigte sich die Polarität zwischen den Systemen auch im gesellschaftlichen Umgang miteinander?! Aber für politische Theoriediskussionen in meinem Kopf hatte ich nun wirklich keine Zeit. Denn kaum saßen wir, wollten Anke und ich *alles* voneinander wissen – und mit alles meine ich alles.

Wir erzählten uns von unseren Familien und Freunden, tauschten uns aus über Jungs, die Schule, Hobbys und Musik aus und stellten fest, dass wir beide wahnsinnig gerne in Urlaub fuhren. Da ich die Länder, in die *sie* reiste, nicht kannte, und sie *meine* nicht, erträumten wir uns ein wundervolles Bild von diesem Europa, das wir gerne einmal zusammen bereisen würden.

Das Eis zwischen uns war so schnell gebrochen, dass wir überströmten vor Glück. Was sich in den Briefen und Telefonaten bereits über die Jahre hinweg angedeutet hatte, bestätigte sich hier und heute: Wir waren Freundinnen, Seelenverwandte. Der Luftballon hatte vor über zehn Jahren genau gewusst, wo er hinfliegen musste, dessen waren wir uns sicher.

Als ich mich endlich traute, über meine Sorge bezüglich der Überwachung unseres Briefwechsels zu sprechen, warnte mich Anke.

„Psst. Nicht so laut! Staat hört mit!"

*Soldaten der Nationalen Volksarmee (NVA) am Brandenburger Tor und Blick von Ost-nach Westberlin*

Tanja und ich wussten nicht, ob wir nun lachen sollten oder ob sie das tatsächlich ernst meinte. Intuitiv schaute ich mich um und wir sprachen leiser. Anke erzählte uns davon, dass man gerade den Päckchen ansehen konnte, dass ein Großteil an der Grenze geöffnet wurde. Bei den Briefen war es nicht so gut zu erkennen. Wir beschlossen, in Zukunft etwas vorsichtiger zu sein, was politische Themen anging.

Aber egal, welche Steine uns unsere Staaten in den Weg legten, über eines war ich mir im Laufe des Gesprächs klar geworden: Ich wollte sie wiedersehen. So schnell wie möglich. Dort, wo sie lebte. Ihre Familie kennenlernen. Ihren Freund. Ihre Lebensumstände. Um keinen Preis der Welt würde ich diese Idee je wieder aufgeben.

Als wir uns abends am Bahnhof verabschiedeten, waren wir beglückt und betrübt zugleich. Ohne zu wissen, ob wir uns jemals wiedersahen, voneinander Abschied zu nehmen, zerriss uns fast das Herz.

„Ich möchte nicht, dass du mich hier zurücklässt", flüsterte mir Anke mit einem dicken Kloß im Hals zu, und ich fasste im gleichen Moment den Entschluss, dass ich noch dieses Jahr – in den Herbstferien – nach Meißen fahren würde. Wir *würden* uns wiedersehen!

Und mit diesem wundervollen und starken Gefühl überquerte ich die Grenze in das andere Deutschland, in „mein" Deutschland, nicht ohne ein gewisses Glück, mich so frei bewegen und frei entscheiden zu können, wo ich wann sein wollte.

# Die Reise in die DDR wird zum großen Abenteuer – Sommer / Herbst 1988

Irgendwo im Bus bei Zagreb, Jugoslawien, August 1988

Liebe Anke,

endlich komme ich dazu, Dir ausführlich von meinem diesjährigen Sommerurlaub zu schreiben. Zwei unglaubliche Wochen liegen hinter mir. Im Moment sitze ich hundemüde im Bus von Griechenland nach Hause; die Fahrt dauert gefühlte 100 Stunden und daher habe ich jetzt viiiieeel Zeit.

Ich durfte mit Claudi und Thomas diesen Sommer mit einer Busreise in die Nähe von Thessaloniki nach Chalkidiki in Griechenland. Thomas, Claudi und ich haben ein Dreier-Appartment bewohnt und die anderen im Bus (die meisten kamen aus Bayern, weil der Bus in Nürnberg los fuhr) haben sich über unser Dreigespann schon etwas lustig gemacht. Aber wie auch immer: wir hatten schon auf der Hinfahrt viel Spaß. Übernachtet wurde bei der langen Fahrt in Zagreb. Nachts haben wir uns gleich mal bei ein paar Österreichern auf dem Zimmer getroffen, Wein und Bier getrunken und Thomas hat sich an die eine Mitfahrerin ran gemacht. Ich finde es ja cool, daß er mit uns zusammen Urlaub macht, aber wie auch immer schon beim Skifahren geht er oft seinen eigenen Weg – will es sich ja bei den Mädels nicht verscherzen, hihi.

Dann sind wir in unserem Hotel angekommen – war echt 'ne riesige Anlage, direkt am Meer. Von da aus haben wir auch Ausflüge gemacht, z.B. in die Meteora-Klöster. Das war total ärgerlich, weil ich nicht daran gedacht habe, wie streng dort die Kleidervorschriften sind. Ich also in einem kurzen Rock und Top, war ja heiß und was war das Ende vom Lied? Bin nicht reingekommen.

Die waren da unerbittlich, so ähnlich wie bei Euch. Auch weniger lustig war, daß uns Thomas den einen Abend ziemlich ausgetrickst hat. Meinte, er hätte Kopfschmerzen und würde auf dem Zimmer bleiben. Wir sind dann ausgegangen und als wir zurückkamen und müde ins Bett wollten, war das Zimmer versperrt, der Herr hatte den Schlüssel mitgenommen und war alleine losgezogen. Haben ihm dann einen Zettel geschrieben, daß wir am Strand übernachten. Er kam dann doch mit ner Portion schlechtem Gewissen an und schlief ganz solidarisch mit uns am Strand. Am nächsten Morgen hörte ich von ihm nur ein Gemurmel: „Steffie, kannst du deinen Pferdeschwanz mal aus meinem Gesicht tun?" Halb verschlafen registrierte ich aber, daß ich gar nicht neben ihm lag. Ich richtete mich auf und was sah ich? Der Schwanz eines streunenden Hundes lag ihm im Gesicht. Du kannst dir vorstellen, wie Claudi und ich geprustet haben vor lauter Lachen. Er ist dann ganz schön erschrocken. Geschieht ihm recht.

Und nun sind wir also auf dem Heimweg. War echt toll, so ein Urlaub ohne Eltern, Tante, Onkel, nur mit Freunden. So kann es weiter gehen …

Wenn ich zu Hause bin, klär ich dann mal mit meinen Eltern ab, ob ich in den Herbstferien zu Dir kommen darf. Das wäre echt super, wenn ich dann auch Deine ganze Familie kennenlerne. Wie geht es Dir und Deinem Freund? Immer noch happy? Bei mir gibt's was das betrifft nichts Neues …

Ganz liebe Grüße

Steffie

Hallo Steffie!

Vielen Dank für Deinen Brief, der eben angekommen ist. Natürlich bist du herzlich eingeladen und der Termin ist mir auch Recht. Wenn Du möchtest, kannst Du auch Deine Eltern oder eine Freundin mitbringen (Freund kann auch mit, wenn Du bis dahin einen hast, aber wie Du geschrieben hast, hast Du noch nicht den richtigen gefunden), sie und auch Du sind herzlich eingeladen. Wirklich, Du kannst Dir kaum vorstellen, wie ich mich freue, daß Du uns mal besuchen möchtest. So, und nun schreibe ich Dir noch schnell auf ein extra Papier, was ich noch von Dir für den Antrag brauche.

Normalerweise war's das. Im Prinzip brauche ich diese Angaben von jeder Person, die kommt. Das Autokennzeichen brauche ich bloß, wenn Deine Eltern mitkommen und ihr mit dem Auto kommen möchtet. Mit dem Auto kommen ist aber auf keinen Fall Bedingung, Zug ist auch möglich. Wenn Du oder ihr mit dem Zug kommt, mußt Du mir allerdings schreiben, wann der Zug wo ankommt, damit wir Dich/Euch abholen können. Ja, das Wichtigste hätte ich beinahe vergessen, den Grenzübergang brauche ich auch noch, egal ob Du mit Zug oder Auto kommst. So, nun kann ich glaub ich von was anderem schreiben, die Formalitäten sind erstmal abgesichert.

Du fragtest, ob ich meinen Freund noch habe. Ja, ich hab ihn noch. Wir sind jetzt schon ein ganzes Jahr zusammen. Ich hätte nie gedacht, daß ich es mal so lange mit ein und demselben Boy aushalte. Ich erkläre Dir das alles mal, wenn Du da bist.

Mir fällt gerade ein, daß wir in Berlin vergessen haben, das Pergamon-Museum anzusehen. Wenn Du möchtest, können wir es ja im Oktober nachholen (übrigens kannst Du gerne sagen, was noch von Dir für den Antrag bräuchte.

Also:
- Geburtsdatum
- Geburtsort
- Paßnummer
- Ausstellungsdatum u. -ort vom Paß, von welcher Behörde ausgestellt?
- Beruf & und Tätigkeit
- Arbeitgeber
- Autokennzeichen
- wenn Deine Eltern mitkommen, dann den Geburtsnamen Deiner Mutter
- wenn Deine Freundin mitkommt, zusätzlich ihre Adresse

Diese Angaben brauche ich bis mindestens 4 Wochen, bevor Du kommen möchtest.

Du bei uns alles ansehen und machen möchtest, ok?) Ich soll auch von meinen Eltern und meinem Bruder grüßen und schreiben, daß sie sich sehr über einen Besuch freuen würden.

So, das wars

Tschüßi, Anke

Da saß ich nun an meinem Schreibtisch und brütete über den Angaben, die ich für Anke beziehungsweise für meine Fahrt in die DDR zusammenstellen musste. Allgemeine Angaben wie Geburtsdatum oder Passnummer leuchteten mir ja ein – aber warum mussten die Behörden den Arbeitgeber meiner Eltern kennen?

In der Woche zuvor hatten wir die Zugfahrkarte gekauft und es war nun klar, dass ich tatsächlich in die DDR fahren würde. Allein. Und das, obwohl ich noch nicht einmal 18 war! Das rechnete ich meinen Eltern hoch an. Andererseits kannten sie genau mein Ziel, und Zwischenstopps in der DDR gab es für mich keine. Ich hatte einen Zug bis Riesa gebucht, dort würde mich Ankes Familie abholen. Lediglich an der innerdeutschen Grenze musste ich einmal umsteigen. Wenn ich mich an der Grenze bloß nicht so doof anstellte wie in Berlin im Café. Aber ich hatte dazugelernt und wollte unter keinen Umständen auffallen. Und deshalb bemühte ich mich, beim Ausfüllen der Antragspapiere möglichst keinen Fehler zu machen oder etwas zu vergessen. Nichts sollte unser erneutes Aufeinandertreffen gefährden.

Dennschütz, 14.10.88

Hallo Steffie!

Heute nur ein kleines Briefchen, denn heute hab ich endlich die Unterlagen zurückerhalten und hoffe ja natürlich, daß sie nun auch noch rechtzeitig bei Dir sind. Heute bin ich schon zum 2. Mal in meinem Lehrgang für den Wirtschaftskaufmann (Handel)

gewesen. Alles in allem bis jetzt eine langweilige Angelegenheit, aber noch besser als meine Arbeit. Ja, meinen Job würde ich lieber noch heute als morgen aufhören, aber ich brauche ja dringend einen Beruf, denn als „ungelernt" verdient man fast nichts (ich bekomme 463 M auf die Hand), was nicht heißt, daß es mit Beruf viel mehr wird, aber etwas mehr doch. Aber darüber können wir uns ja unterhalten, wenn Du da bist. Ich schreibe Dir auch noch mal, was Du auf der Seite „Angaben zum Reiseziel in der DDR" angeben mußt, daß nichts schief geht. Im Prinzip müßtest Du es ja wissen, aber für alle Fälle hab ichs noch mal dazugeschrieben. Bis Du zu mir kommst, müßten wir nochmal telefonieren, denn ich muß ja wissen, wann Du ankommst (zweck's Abholen). Ich werde auf alle Fälle versuchen, Dich zu erreichen und wenn Du mal grad nicht da bist, weiß es vielleicht jemand aus Deiner Familie. Falls Du bei mir eher durchkommst, und ich bin nicht da, dann kannst Du es ja ausrichten lassen. Ach, es ist doch wirklich blöd, daß man teilweise beim Telefonieren nicht durchkommt bzw. kein Gespräch bekommt.
Ich freue mich schon auf Deinen Besuch
Tschüßi, Anke


Fast gleichzeitig mit Ankes Brief trafen die Unterlagen bei uns zu Hause ein.

„Ich weiß nicht – wenn ich das schon wieder sehe, überlege ich mir schon, ob wir dich wirklich fahren lassen sollten", sagte mein Vater mit düsterem Blick, während er über die bürokratischen Papiere gebeugt war, die ich für die Fahrt nach Meißen benötigte.

„Ach, Papa, was soll denn schon schiefgehen? Ich fahr doch bloß in die DDR", versuchte ich ein Witzchen zu reißen.

„Eben!"

Diese Miene meines Vaters kannte ich zu gut.

Die sorgenvollen Blicke begleiteten mich, bis mein Zug in Richtung Kassel aus dem Hauptbahnhof Heidelberg herausgefahren war und meine Eltern mich definitiv nicht mehr sehen konnten. Ich musste zugeben, ich war nervös. Ich hatte keine Ahnung, auf welches Abenteuer ich mich einließ. Alle zehn Minuten kontrollierte ich meine Papiere, blickte auf die Uhr und fragte mich, wann wir endlich an der sagenumwobenen Grenze zur DDR ankamen. Würde es so ähnlich zugehen wie beim Grenzübertritt in Berlin?

Als ich meiner Großmutter vor einer Woche erzählt hatte, wie sehr ich mich auf die Reise zu Anke in die DDR freute, gleichzeitig aber etwas Angst vor dem Grenzübergang hätte, schüttelte sie verständnislos den Kopf.

„Ich kann es auch nach so vielen Jahren noch nicht fassen, dass mitten durch unser Land eine Grenze geht. Wir leben doch alle in Deutschland.“

„Ja, aber es gibt eben zwei Staaten auf dem Gebiet von Deutschland. Ich weiß noch, wie ihr mir das erklärt habt, als ich ein kleines Kind war und der erste Brief von Anke hier ankam.“

„Für mich ist das aber keine richtige Grenze, höchstens eine innerdeutsche Grenze zur Zone – und ich gebe die Hoffnung nicht auf, dass ich es noch erleben darf, wenn daraus mal wieder *ein* Deutschland wird.“

Meine Omi war einfach süß. Fast 40 Jahre bestand die DDR nun schon und ich kannte nur das „geteilte“ Deutschland – das Land, von dem meine über 80-jährige Großmutter träumte beziehungsweise an das sie sich noch erinnerte, konnte ich mir beim besten Willen nicht vorstellen.

„Aber Omi, für die DDR ist diese Grenze, über die ich nächste Woche fahren werde, eine Staatsgrenze, nämlich die zwischen der DDR und der BRD. Ich fahre nicht mehr in die ‚Zone‘, ich fahre in ein anderes Land.“

„Ach Kind, ich verstehe diese Welt einfach nicht. Vielleicht bin ich dazu wirklich zu alt."

Man musste sie einfach lieb haben. Daher nahm ich sie tröstend in den Arm und erwiderte voller Überzeugung: „Vielleicht schaffen Anke und ich ja, worauf du schon 40 Jahre wartest. Aber dann musst du mir versprechen, uns ein bisschen Zeit zu lassen und noch eine Weile zu leben."

Wir sahen uns an und mussten lachen. Aber es war eher ein gequältes Lächeln, weil wir beide daran nicht so recht glauben mochten.

Ich wurde jäh in meinen Gedanken unterbrochen, als wir in Bebra ankamen. „Bebra/Wartha/Gerstungen" war auf den Schildern zu lesen; die Grenzübergangsstelle, an der ich in den Interzonenzug umsteigen musste, um die „innerdeutsche Grenze" oder die „Staatsgrenze" zu passieren, je nachdem aus welchem Blickwinkel man es sah.

Der Anblick, der sich mir bot, während ich meine Fahrt mit dem Zug der Deutschen Reichsbahn fortsetzte, entsprach zunächst einmal genau der Wortbedeutung des „Eisernen Vorhangs", von dem ich so viel gehört hatte, mir aber nichts Konkretes darunter vorstellen konnte: Das Sperrgebiet, durch das wir im Schneckentempo fuhren, machte mir Angst. Auf einer 5 Kilometer langen Fahrt überquerten wir den Schutz- und Kontrollstreifen, den wir in der Schule als „Todesstreifen" kennengelernt hatten. Ich konnte kurz einen Blick auf Wachtürme und seltsame Installationen erhaschen, die bestimmt die Selbstschussanlagen darstellten. Der Streifen selbst war mit Stacheldraht umzäunt. Bis zur eigentlichen Grenze fuhren wir durch Niemandsland – unfreundlich, kalt, beängstigend. Ich hatte nicht erwartet, dass es noch schlimmer werden würde als auf meiner Fahrt von West- nach Ostberlin. Aber was ich jetzt sah, ließ mich kurz zweifeln, ob dieser Besuch in einem Land, das sich so abschreckend präsentierte, tatsächlich richtig war.

Ich konnte meinen Blick kaum vom Fenster abwenden, und der Zugbegleiter musste richtiggehend auf sich aufmerksam machen, als er mein Abteil betrat. Aber zu meinem großen Erstaunen war er ... freundlich. Richtig nett sogar.

„Na, junge Dame, herzlich willkommen in unserer Deutschen Demokratischen Republik. Wo soll's denn hingehen?", sagte er in breitem Sächsisch.

„Riesa", hauchte ich mehr als zu sprechen, und so war es nicht verwunderlich, dass dieser äußerst sympathisch wirkende Mann noch einmal nachhakte.

„Wie bitte?"

„Riesa", wiederholte ich minimal lauter.

„Wie schön! Unser Riesa an der Elbe!"

Während er sich nun über die Besonderheiten einer mir gänzlich unbekannten Stadt ausließ, die mich überdies nicht sonderlich interessierte, weil ich dort nur den Bahnhof kennenlernen würde, studierte er meinen Ausweis und die Papiere, die Anke mir zugeschickt hatte. Plötzlich stutzte er und ich wurde nervös. Stimmte etwas nicht? Wurde ich nun festgenommen? Ich hatte mir ja so einiges angelesen und über die Beamten des Staatsapparates gehört.

„Na, das hätten Sie mir ja gleich sagen können", schaute er mich vorwurfsvoll an.

„Was genau?" Meine Stimme besaß ein natürliches Vibrato, von dem ich hoffte, er würde es nicht merken.

„Nu, ich erzähl Ihnen alles über Riesa, lese aber hier, dass Sie ja eigentlich nach Meißen fahren." Dann begann er zu lachen. „Ich wünsche Ihnen einen wunderschönen Aufenthalt in unserer schönen DDR und gute Fahrt."

Bevor ich etwas erwidern konnte, grüßte er mir kurz zu und verschwand. Das war's also? Ich war erleichtert. Vielleicht war alles doch nicht so schlimm, wie man es uns erzählte. Ich wollte mir auf jeden

Fall mein eigenes Bild machen und keine Vorurteile pflegen, und der erste Mensch, den ich getroffen hatte, war schon mal ganz okay gewesen. So konnte es weitergehen. Gelöst schweifte mein Blick nach draußen – doch der nächste Dämpfer ließ nicht lange auf sich warten.

Alles da draußen war grau. Dass die Straßen grau waren, kannte ich von uns. Aber hier waren auch die Häuser grau – oder in einem Farbton, den ich nicht so ohne Weiteres definieren konnte. Vielleicht waren sie auch eher braun-grau. Auf jeden Fall hatten sie alle denselben braun-grauen Anstrich. In Kombination mit dem ebenso grauen Himmel spürte ich eine aufsteigende Beklommenheit. Kein Wunder, dass sich Anke so sehr über meinen pinkfarbenen Overall gefreut hatte. In Berlin hatte ich noch eine Kulisse erlebt, die zwar in meinen Augen etwas altbacken daherkam, aber die Umgebung hier machte mich richtiggehend depressiv. Wie musste man sich fühlen, wenn man hier lebte?

Ich klappte mein Tagebuch auf und schrieb hinein, was ich Anke unbedingt fragen wollte. Die erste Frage von vielen, die folgen sollten, hatte ich notiert – und ich fühlte mich wie eine Spionin aus dem imperialistischen Feindesland.

## Wiedersehen in Lommatzsch – Oktober / November 1988

Die Herzlichkeit, mit der ich von Ankes Familie empfangen wurde, war überwältigend. Auch wenn ich auf meiner ersten Fahrt in einem Wartburg[41] von Riesa nach Lommatzsch nach wie vor irritiert war von der Farblosigkeit der Dörfer, war ich beeindruckt von der Offenheit und Freude, die mir entgegenschlug.

Hier gab es eine Familie, die mindestens genauso aufgeregt war wie ich und die mir sofort ein Gefühl des Willkommenseins vermittelte.

---

[41] Neben dem Trabant gab es eine weitere Automarke in der DDR, den Wartburg.

Lommatzsch

Oft redeten wir alle durcheinander und ich sprach fast am wenigsten, was normalerweise eher selten vorkam. Anke und ich saßen zusammengepfercht auf dem Rücksitz des voll besetzten Wartburg, zwischen uns ihr Bruder, und so ruckelten wir über die holprigen Straßen – und waren in diesem Moment sicher die glücklichsten Menschen auf dieser Welt.

Als wir in die kleine Straße zu dem Hof einbogen, auf dem Anke mit ihrer Familie lebte, wurde mir schlagartig klar, wie unterschiedlich wir beide aufgewachsen waren: diese Beschaulichkeit eines Bauernhofes im Gegensatz zum 70er-Jahre-Reihenhaus eines modernen Vorortes einer Großstadt. Und einen Bruchteil einer Sekunde später erblickte ich noch aus dem Auto in der Eingangstür des Hauses den Mann, dem wir unsere Freundschaft und dieses Treffen zu verdanken hatten: Ankes Großvater hatte Tränen in den Augen, als ich aus dem Auto stieg

*Vereint in der DDR*

und ihm entgegenrannte. Auch ich konnte in diesem Moment die Tränen nicht mehr zurückhalten, doch ich musste mich zügeln. Hatte Anke mir in Berlin nicht erklärt, dass man sich in der DDR nicht einfach so überschwänglich um den Hals fiel? Also bremste ich ein wenig ab und reichte Ankes Opa artig die Hand. Doch unser Händedruck war mindestens so intensiv wie meine stürmischen Umarmungen, die ich normalerweise pflegte. Noch eine halbe Stunde später, in der Stube der Großeltern bei Kaffee und Kuchen, hielt die Sentimentalität des Augenblicks unvermindert an.

Da saß ich nun inmitten meiner fremden und doch so vertraut wirkenden „Brieffamilie" – selbstverständlich aufgenommen wie die verloren geglaubte Tochter, die nach Jahrzehnten wieder nach Hause zurückgekehrt war. Bescheidenheit war das Wort, das mir für die Bewohner dieses Hauses am treffendsten erschien – und Dankbarkeit, eine tiefe Dankbarkeit, die Scham in mir auslöste. Es gab frisch gebrühten Kaffee aus einem unserer Westpakete, deren Inhalt der letzten 11 Jahre Ankes Opi lückenlos aufzählen konnte.

„Was willst du unternehmen?" Anke hatte es sich zum Ziel gesetzt, mir in dieser Woche möglichst *alles* zu zeigen – und mit alles meinte sie alles. Ich war noch etwas müde, denn meine erste Nacht in der DDR war ziemlich unruhig gewesen. Die sanitären Einrichtungen, der Standard meiner „Unterkunft" entsprach nicht so ganz dem, was ich von zu Hause kannte – sie wohnten in der Tat nicht in der „Platte", sondern auf einem Bauernhof. Da sich aber alle so rührend um mich kümmerten und ich das Gefühl hatte, dass für mich viele Extras aufgeboten wurden, die wiederum nicht unbedingt ihr Standard waren, fiel mir die Eingewöhnung leicht. Sie waren einfach die perfekten Gastgeber.

„Wie findest du unseren Hof? Großartig, oder?"

Ich war nicht ganz so der „Landtyp", aber es war wirklich schön hier. Wir machten einen Spaziergang in die nähere Umgebung und kamen an einem Reiterhof vorbei. Anke erzählte mir voller Stolz, dass ihr Vater auch einmal Pferde besessen habe und sich immer wünschte, wieder eine Pferdezucht oder solch einen Reiterhof zu betreiben.

Das Einzige, was ich wollte, war weitergehen. Ich mochte keine Pferde und das hatte seinen Grund. Außerdem war die Erde nass, es war schlammig und ich hatte schließlich nicht meine alten Schuhe an, sondern meine relativ neuen Allrounder; und die wären gleich nicht mehr weiß, sondern dreckig.

„Was ist los mit dir? Hast du keine Lust, mal ein Pferd zu streicheln?"

„Ne, lass mal – mir reicht das aus der nahen Distanz schon!"

„Hast du etwa Angst? Ich hab auch einen riesigen Respekt vor den Tieren. Aber die hier sind ganz zahm!"

„Anke, ich glaube, ich muss dir was erklären: Also erstens bin ich nicht so ganz der Tiertyp. Eine Katze hätte ich gerne mal gehabt, und eure Katze knuddele ich gerne. Aber ansonsten ... Und vor Pferden habe ich besonders viel Respekt."

Ich versuchte, so höflich wie möglich zu sein, spürte aber ihre große Enttäuschung, dass wir in diesem Punkt einmal nicht einer Meinung waren.

„Du musst verstehen – als wir damals in Südfrankreich waren, gab es den Programmpunkt Reiten. Da waren diese berühmten Camargue-Pferde und als Gruppe konnten wir den Strand entlangreiten."

„Am Strand entlangreiten, welch ein Traum. Was ist denn ein Camargue-Pferd?"

Wieder tappte ich in ein Fettnäpfchen. Natürlich kannte Anke keine Camargue-Pferde und eine solche Möglichkeit würde sich ihr nie bieten. Ich wollte sie keinesfalls brüskieren. Deshalb fiel meine Erklärung auch dramatischer aus, als die Situation in Wirklichkeit gewesen war.

„Sei froh, dass du mit diesen Pferden nichts zu tun hast. Die sind ganz wild und schlecht erzogen. Als ich endlich auf meinem Pferd saß und alle losritten, blieb meines einfach stehen. Ja, du brauchst gar nicht zu lachen, aber wenn man sich überhaupt nicht mit diesen Tieren auskennt, dann weiß man auch nicht, wie man in einem solchen Fall reagiert."

Das unterdrückte Grinsen meiner Freundin versuchte ich zu ignorieren.

„Ich sprach auf das Pferd ein, streichelte es, aber nichts – in der Ferne sah ich die anderen davonziehen und ich blieb mutterseelenallein zurück."

„Bis hierhin kann ich aber noch nicht erkennen, warum du solche Angst vor Pferden hast."

Ich musste zum Punkt kommen, das war klar.

„Unser Pferdetrainer sah mich irgendwann weit abgeschlagen von der Gruppe stehen und stieß mit seinem Hengst zurück. Und jetzt kommt der unglaubliche Teil der Geschichte. Er drosch mit seiner Rute auf das arme Tier ein, auf dem ich saß, der Gaul schoss in die Höhe und fing an, wie wild zu galoppieren, während ich nur noch schräg auf dem Sattel hing, mir angst und bange wurde und ich mir schwor: Ich werde einem Pferd nur noch in einem Sicherheitsabstand von – na sagen wir mal – mindestens vier Metern gegenübertreten."

Anke war still. Sie wirkte betroffen. Meine dramatische Erzählung schien sie beeindruckt zu haben.

„Steffie, der Typ war sicherlich ein furchtbarer Tiertrainer, denn das hätte er nicht machen dürfen ..."

Ich konnte auf ihr Verständnis zählen, Gott sei Dank.

„... aber ich hätte dich zu gerne auf dem Pferd gesehen."

Und dann prustete sie los und konnte sich gar nicht mehr einkriegen. Als sie sich wieder gefangen hatte, gestattete sie mir, jetzt die Umgebung zu erkunden, und sie versprach, mich diese Woche von Tieren möglichst fernzuhalten.

Unser nächster Ausflug führte uns daher in städtisches Gebiet, nämlich in die nahe gelegene Stadt Meißen.

„Warum glotzen mich denn alle hier so an?"

„Was glaubst du?"

„Ich weiß es nicht, deswegen frage ich dich ja."

„Na, hier sieht jeder sofort, dass du aus dem Westen kommst."

„So ein Quatsch – ich hab ne Jeans und ein Sweatshirt an, genau wie du."

„Ja, aber du hast eine richtige Jeans, ein Markensweatshirt *und* Adidas-Turnschuhe an. Wir sehen das hier auf den ersten Blick."

Meißen, mit seinem Dom und der Albrechtsburg idyllisch an der Elbe gelegen, war von Kriegszerstörungen weitgehend verschont geblieben, aber auch hier waren die „Schönheiten" des Städtchens schwer bis gar nicht zu entdecken. Alles wirkte verfallen, die Häuser waren zum Teil nicht mal grau, sondern regelrecht schwarz, der Putz bröckelte, lediglich die „VEB Staatliche Porzellan-Manufaktur Meißen" stach hervor. „Meissener Porzellan" war auch mir ein Begriff, ich wusste, dass man dieses wertvolle Geschirr für teures Geld auch bei uns im Westen kaufen konnte.[42]

Auf dem Weg zur Manufaktur fielen mir die Schlangen vor den wenigen Läden auf, die es in Meißen gab.

---

[42] Etwa 98 Prozent der Fertigung der Porzellanmanufaktur wurden für das Ausland und für Devisen produziert, der kärgliche Rest, der im Land blieb, bestand zumeist aus Ware zweiter und dritter Wahl (nachzulesen unter: http://www.mdr.de/damals/archiv/porzellan-ddr100.html).

„Wofür stehen die Leute hier an? Gibt's was Besonderes?" Halb im Spaß und halb im Ernst war ich überrascht von der Länge der Schlange, die sich vor dem hiesigen Konsum gebildet hatte.

„Du kennst unseren Witz, oder? Es gibt alles zu kaufen – nur nicht immer und überall und schon gar nicht, wenn man es gerade braucht." Anke lachte. „Herzlich willkommen im Planwirtschaftsalltag der DDR."

„Es ist also tatsächlich so, wie wir es in der Schule lernen."

„Was lernt ihr denn in der bösen kapitalistischen Marktwirtschaft über unser Wirtschaftssystem?"

Ich dozierte feierlich: „Eine Planwirtschaft oder auch Zentralverwaltungswirtschaft ist eine Wirtschaftsordnung, in der die ökonomischen Prozesse einer Volkswirtschaft, insbesondere die Produktion und die Verteilung von Gütern und Dienstleistungen planmäßig und zentral gesteuert werden."[43]

„Genau: Deshalb gibt es das, was du heute brauchst, heute gerade nicht, dafür aber etwas anderes – dann kaufst du eben das. Und manches ist beständig Mangelware, so wie Kaffee."

„Und deshalb habt ihr euch die Jacobs Krönung immer zu Weihnachten gewünscht."

„Ja klar. Das Schlimme ist, dass bei uns nicht nur falsch produziert wird, sondern es auch falsch ankommt oder nicht bei uns Bürgern ankommt." Anke flüsterte mir ins Ohr. „Wenn du mich fragst, werden DDR-Produkte billig in den Westen exportiert.[44] Aber das darf man ja nicht laut sagen."

„Siehst du, das sind die Unterschiede: Wir stehen für die Schnäppchen an und ihr für Mangelware."

[43] Nachzulesen unter: http://www.bpb.de/wissen/JGU24E

[44] In der DDR wurden unter anderem Obstkonserven eigens für den Export in den Westen produziert – und dort beim Discounter billig angeboten, während DDR-Bürger sie im eigenen Land nicht erstehen konnten.

„Lust auf einen Broiler, bevor wir in die Manufaktur gehen?"

„Auf was?" Ich musste mal wieder losprusten, weil ich die sprachlichen Gepflogenheiten einfach zum Schreien fand.

„Na, ein Hähnchen! Und ne Vita-Cola?"

„Schmeckt das ähnlich gut wie die Knusperflocken von gestern?" Entsetzt verzog ich das Gesicht. Die ostdeutschen Choco Crossies, die ich am Vortrag versucht hatte, waren einfach nur staubtrocken gewesen.

„Also der Broiler schmeckt so, wie ein Brathähnchen eben schmeckt – da kann man wenig falsch machen. Aber bei der Cola dürftest du vielleicht den Unterschied merken, ich weiß es nicht. Probier es doch mal!"

„Es gibt also tatsächlich keine Coca-Cola bei euch?"

„Nein, das ist ein Westprodukt und das bekommst du hier nirgends. In Berlin findest du, wenn du Glück hast, eine Grilletta oder ne Krusta. Das esst ihr doch so gerne. Aber hier ..."

Wollte mich Anke auf den Arm nehmen? Noch nie in meinem Leben hatte ich von einer Grilletta oder Krusta gehört. Aber dann fanden wir heraus, dass wir tatsächlich zum Teil das gleiche Essen kannten, es aber anders betitelt wurde: Grilletta war der Hamburger, Krusta die Pizza – die englischen beziehungsweise imperialistischen Namen sollten in der DDR nicht auf den Tisch kommen. Und in Meißen auch nicht die Speisen.

Gestärkt mit Broiler und der sehr zitronig schmeckenden Vita-Cola besichtigten wir anschließend das Museum der Porzellanmanufaktur. Mir kam spontan die Idee, dass ich meiner Mutter eine hübsche Vase mitbringen könnte. Meine Mutter liebte schönes Geschirr. Und so kaufte ich eine wunderschöne, weiße, klassisch-schlichte Porzellanvase, ließ sie mir gut einpacken und verstaute sie abends in meinem Rucksack.

Erst später sollte sich herausstellen, dass ich mich mit diesem Geschenk richtiggehend in Gefahr gebracht hatte, weil ich echtes

Meissener Porzellan gar nicht über die Grenze in die Bundesrepublik hätte einführen dürfen. Und so sollten wir als Andenken an meinen Aufenthalt in Meißen nicht nur eine ganz besondere Vase zu Hause haben, sondern noch dazu eine geschmuggelte.

### Anke lässt die Bombe platzen – Oktober/November 1988

Auf meinen ausdrücklichen Wunsch fuhren wir am Tag danach mit Ankes Bruder und ihrem Freund an der Elbe entlang zu Schloss Moritzburg. Diesen Ort wollte ich so gerne sehen, denn dort war einer meiner Lieblingsfilme gedreht worden: „Drei Haselnüsse für Aschenbrödel", eine tschechische Produktion, die aber an Weihnachten fest zum westdeutschen Fernsehprogramm dazugehörte, fast so wie „Sissi". Schloss Moritzburg lag traumhaft an der Elbe gelegen, wiederum etwas heruntergekommen, aber auf der Treppe zu stehen, auf der im Film das Aschenbrödel den sagenumwobenen Schuh verlor, machte mich glücklich. Ich fotografierte wie wild, und auch Anke gefiel unser Ausflug, selbst wenn ich das Gefühl hatte, dass sie mit ihren Gedanken ständig woanders war. Ich wollte sie heute beim Essen in einem der Dresdner Traditionslokale darauf ansprechen.

*Vor Schloss Moritzburg mit Ankes Bruder*

Auf Dresden war ich mehr als gespannt. Die Stadt, die im Zweiten Weltkrieg mit am heftigsten zerstört worden war und der nachgesagt wurde, sie sei das Florenz des Nordens gewesen – sollte sie auch dem eher nüchternen sozialistischen Baustil ähneln, wie ich ihn in Berlin kennengelernt hatte? Von der Stadt selbst war ich dann doch sehr begeistert. Die alten Kulturdenkmäler waren zumindest ansatzweise rekonstruiert worden, auch wenn die langjährigen Schäden des Krieges nach wie vor zu sehen waren.[45]

Man konnte sich vorstellen, wie gülden und prachtvoll diese Stadt im 19. Jahrhundert gewesen sein musste. Vor der Ruine der Frauenkirche jedoch fühlte es sich so an, als wäre die Bombardierung gerade einmal ein paar Monate her gewesen. Anke erklärte mir, dass die Trümmer als Mahnmal gegen den Krieg dort verbleiben sollten. Und auf dem Weg zum Restaurant Szeged fand ich sie dann doch, die Gebäude im Stil des sozialistischen Klassizismus, einem „Zuckerbäckerstil": protzige Repräsentativbauten, die dem stalinistischen Baustil in der Sowjetunion nachempfunden waren. Aber das zeigte auch, dass Dresden vielseitig war, von alt bis neu, von der Semperoper bis zum Kulturpalast – und das wiederum gefiel mir.

Im Restaurant angekommen, wusste ich mich zu benehmen und wartete geduldig, bis der Kellner uns platzierte. Wir bekamen einen hübschen Tisch zugewiesen, und ich wollte heute zum ersten Mal eine Soljanka versuchen, den typischen Eintopf aus Brühe, Fleisch, Kohl und Gewürzgurken. Dazu genehmigten wir uns eine Fiesta-Brause. Zum ersten Mal in dieser Woche hatten wir ausgiebig Zeit, uns zu zweit zu unterhalten.

„Schön, dass wir nun endlich Ruhe und Zeit füreinander haben. Erzähl mal: Wie läuft es denn bei dir in der Schule?", begann Anke das Gespräch.

---

[45] Prinzipiell hatten die ostdeutschen Städte wenig Geld zur Verfügung, die Gebäude nach dem Krieg zu restaurieren und wieder instand zu setzen. Die Schönheit hinter der Geschichte beziehungsweise der Fassade ließ sich dennoch erahnen. Dies galt für Meißen ebenso wie für Dresden. Aus Heidelberg stammend, wusste ich, dass dort sehr viel Geld für die Touristen investiert wurde, um die Stadt attraktiv zu machen.

„Ach, es läuft eigentlich ganz gut. Ich bin ja jetzt in der Oberstufe und stell dir vor: Wir haben es tatsächlich geschafft, dass unsere Schule für uns fünf interessierte Mädchen den ersten Politik-LK überhaupt ins Leben gerufen hat."

„Was heißt LK noch mal?"

„Leistungskurs. Er ist auf fünf Stunden in der Woche verteilt und die Themen sind echt super interessant. Gerade machen wir unser Schwerpunktthema für's Abi: Systeme im Vergleich: USA – Sowjetunion."

„Ich erinnere mich, dass du mir das mal geschrieben hattest. Das ist bestimmt spannend."

„Ja, das ist es. Aber weißt du, wir sind ja nur Mädchen in der Stufe, und das ist wirklich ätzend. Aber sag mal, wollen wir jetzt über Schule sprechen? Darüber haben wir uns doch in unseren Briefen so viel erzählt. Außerdem merke ich: Mit dir stimmt doch irgendwas nicht. Was ist denn los? Du wirkst so nachdenklich."

Ich bemerkte, wie Anke sich vorsichtig nach allen Seiten umsah. Irgendetwas schien meine Freundin zu bedrücken und sie wirkte ängstlich, es mir gegenüber anzusprechen.

„Feind hört mit, hm?"

„Pst, nicht so laut. Du weißt ja: Staat hört mit."

Anke schien etwas zu bedrücken und sie wirkte ängstlich, es mir gegenüber anzusprechen.

„Was auch immer es ist – mir kannst du es sagen. Hast du Probleme mit deinem Freund?"

Anke schüttelte den Kopf.

„Nein, mit Rico läuft alles prima. Es geht um etwas ...", sie machte eine Pause, „... um etwas Grundlegenderes."

Wie ignorant von mir zu denken, dass eine junge Frau im Alter von 18 Jahren einzig und allein ein Problem mit ihrem Freund haben könnte. Etwas Grundlegenderes ...

„Du weißt doch, dass ich meinen Studienplatz nicht bekommen habe."

Zögerlich fing Anke an zu sprechen: „Zuerst wollte ich ja in das Hotelgewerbe, aber da gab es zu viele Bewerber."

„Ja, das hattest du mir geschrieben. Und dass du deshalb jetzt eine Ausbildung machst."

Noch war mir nicht klar, worauf sie hinaus wollte.

„Nach meinem Abitur habe ich bei der HO[46] Meißen angefangen und mache meinen Facharbeiter zum Wirtschaftskaufmann. Währenddessen habe ich dann weiterhin versucht, einen Studienplatz für Betriebswirtschaft zu bekommen. Daraufhin hat mich die dort zuständige Parteisekretärin mehrfach darauf angesprochen, ob ich in die Partei eintreten möchte."

Ich bemerkte, wie viel Mühe sie hatte, mir davon zu erzählen.

„Erst habe ich ausweichend reagiert. Das Ganze hatte ich ja schon einmal. Als sie mir aber mitteilte, dass meine Unterlagen auf einen anderen Stapel kommen würden, wenn ich in der Partei wäre, habe ich ihr klar gesagt, dass ich nicht eintreten werde. Damit hatte ich keine Chancen mehr auf einen Studienplatz! Aber ich sehe es auch nicht ein, dass ich mich derart verbiege und erpressen lasse." Anke beugte sich zu mir und flüsterte mir zu: „Nur wenn nicht alle Menschen bei so einem System mitmachen, kann sich etwas ändern."

Ich war beeindruckt. Ich wusste, dass Anke ein Mädchen mit Prinzipien war, aber zu einer solchen Entscheidung brauchte es viel Mut, und es war keine Frage: den schien meine Freundin zu haben.

Als ich gerade dachte, das war die Nachricht, die sie mir hatte mitteilen wollen, fuhr Anke fort.

---

[46] Die HO, die Handelsorganisation, war ein staatlich geführtes Einzelhandelsunternehmen mit Geschäften, Warenhäusern, Gaststätten und Hotels.

„Vorher gab es aber noch einen anderen Bereich, den ich sehr spannend fand: Mikroelektronik."

„Mikroelektronik? Wow! Ich muss gestehen, dass ich mir nicht so viel darunter vorstellen kann. Was macht man da? Und vor allem: Warum hatte das nicht geklappt?"

Anke atmete tief durch. „Der Beruf heißt Datenfacharbeiter. Ursprünglich wollte ich ‚Beruf mit Abitur' machen. Wir waren damals deshalb bei Robotron hier in Dresden zum Gespräch."

Eine weitere Pause entstand und ich hielt die Spannung kaum mehr aus.

„Und weiter? Lass dir doch nicht alles aus der Nase ziehen."

„Die hätten mich den Beruf nur erlernen lassen, wenn ich den Kontakt ins ‚westliche Ausland' – also zu dir – abgebrochen hätte!"

Ich traute meinen Ohren nicht. *Sie hatten Anke tatsächlich ihren Berufswunsch verwehrt und von ihr verlangt, den Kontakt zu mir abzubrechen?* Vielleicht zum ersten Mal in meinem Leben war ich sprachlos. Ich hatte vieles erwartet, aber das ...

Nachdem ich mich etwas gesammelt hatte, erwiderte ich vielleicht einen Tick zu laut: „Das ist nicht dein Ernst!"

„Pst, Steffie, das muss ja nicht jeder hier mitkriegen."

Etwas leiser, aber immer noch fassungslos, schickte ich erneut die Nachfrage hinterher: „Du durftest den Beruf deiner Wahl nicht ergreifen, weil du Kontakt zu mir hast?"

„Ja."

Anke nahm einen Schluck aus der Brause und fuhr gefasst fort. „Und deswegen mache ich jetzt meine Ausbildung im Büro, was mich ziemlich langweilt, aber ..."

Ich unterbrach sie barsch: „Moment! Wegen mir hast du auf deinen Wunschberuf verzichtet?"

Anke nickte – und mir stiegen die Tränen in die Augen.

„Ich denke, ich stehe unter strenger Beobachtung. Und deshalb müssen wir noch vorsichtiger sein mit dem, was wir uns in Zukunft schreiben." Anke sah sich verstohlen um.

„Du meinst, über politische Themen."

„Genau."

Ich merkte, wie ich mich kaum mehr zusammenreißen konnte und die Wut in mir hochkroch, um mich schließlich zu übermannen.

„Das darf doch wohl nicht wahr sein! Weißt du, ich bin ein politischer Mensch, ich habe nicht umsonst Politik-LK gewählt, ich will politisch aktiv sein, will mitgestalten, will meine Meinung äußern ... ich bin sogar links! Du kannst dir im Übrigen vorstellen, wie wütend das meinen rabenschwarzen, konservativen Vater macht. – Ich wusste es! Erinnerst du dich, dass wir in Berlin schon darüber gesprochen hatten? Aber es geht nicht in meinen Kopf, dass wir vorsichtig sein *müssen*, dass wir nicht ungeschönt die Wahrheit sagen *dürfen*. Mann, das ist ..." Mir fehlten die Worte.

Anke besänftigte mich und legte vorsichtig ihre Hand auf meine.

„Weißt du, bei uns läuft das eben etwas anders als bei euch. Meine Cousine Katja zum Beispiel: Sie ist im Sommer von Dresden aus über Ungarn nach Rumänien gereist und dort nachts über die Donau nach Jugoslawien geschwommen. Wir wussten zwei Monate überhaupt nicht, was mit ihr passiert war. Nicht einmal ihre Eltern. Und als dann herauskam, dass sie im Westen ist, da hieß es für meine Tante und meinen Onkel, stundenlange Gespräche mit der Stasi über sich ergehen zu lassen, ob sie nicht doch etwas gewusst hätten. Und du weißt ja, Mutti ist Lehrerin, sie wird ohnehin besonders beobachtet. Ich möchte einfach niemanden in Gefahr bringen."

„Das verstehe ich ja. Aber ich verstehe das System nicht."

„Ich verstehe das System schon lange nicht mehr. Aber auf jeden Fall müssen wir wachsam sein."

Plötzlich kam mir ein Gedanke. Ich beugte mich zu ihr hinüber und flüsterte ihr zu: „Hast du denn auch schon mal an Flucht gedacht, so wie deine Cousine?"

Anke lehnte sich zurück und flüsterte noch leiser: „Frag mich nicht."

„Aber da ist doch seit einiger Zeit dieser Michail Gorbatschow an der Macht. Vielleicht ändert sich etwas!"

„Vielleicht dort, aber hier …"

„Aber seine Reformen *Perestroika* und *Glasnost* scheinen doch erste Früchte zu tragen. Die DDR kann sich nicht dauerhaft verschließen. In der Schule haben wir schon vor einem Jahr darüber gesprochen, dass wir in ‚Zeiten des Umbruchs' leben. Kann es nicht sein, dass auch hier eine solche Öffnung stattfindet?" Ich redete mich in einen Begeisterungsstrom hinein. „Eine Öffnung der Grenzen, das wäre … und …. stell dir vor, unsere beiden Länder wären irgendwann sogar wieder *ein* Land! Soll ich als Bundeskanzlerin kandidieren?"

Anke musste trotz der Bedeutungsschwere des Themas schmunzeln.

„Das klingt wunderschön. Aber bis dahin … Ach, Steffie, erinnerst du dich, was ich dir in Berlin zum Abschied gesagt habe? Ich will nicht, dass du wieder zurückfährst. Und mich hier zurücklässt."

Die Angst und die Resignation in ihrer Stimme ließen mich noch agiler werden. Wir mussten reagieren, und konnten nicht darauf warten, bis die große Politik Entscheidungen traf, von denen wir nicht wussten, ob sie überhaupt getroffen werden würden.

„Anke, wir brauchen einen Plan."

Ganz im Stil eines Sherlock Holmes entwickelte ich vor Ankes Augen einen geheimen und ausgeklügelten Fluchtplan.

„Ihr fahrt doch im Sommer immer nach Ungarn an den Balaton. Lass uns genau die Landkarten studieren. Ich könnte versuchen, dass wir auch Urlaub in Ungarn machen. Zumindest sind wir ja immer in Österreich. Man hat doch schon öfter über geglückte Fluchten gelesen. Deiner Cousine ist es gelungen, und wenn ich an das Museum am Checkpoint Charlie denke, da wurden Fälle gezeigt, du glaubst es kaum: mit dem Heißluftballon, per Boot über die Ostsee, durch Tunnels. Wir müssen es nur sorgfältig planen und vor allem müssen wir vorsichtig sein, dass die Stasi nichts mitbekommt."

„Und wie willst du das anstellen? Weißt du, mir würde es schon ausreichen, wenn hier endlich etwas passieren würde. So kann das doch in unserem Land nicht weitergehen. Aber wenn ich ehrlich bin, habe ich wenig Hoffnung."

Als ich am Abend in meinem Bett lag, ließen mich meine Gedanken lange nicht einschlafen. Wie konnte man einem Menschen vorschreiben, mit wem er befreundet sein durfte und mit wem nicht? Ihn zu erpressen mit seiner beruflichen Zukunft und damit sein Leben zu diktieren und zu sanktionieren – das nannte sich nun Deutsche Demokratische Republik. Von wegen demokratisch. Ich lebte im kapitalistischen Westen und wünschte mir eine gerechte Demokratie, in der es nicht vom Geldbeutel und Ansehen der Eltern abhängig sein durfte, was man werden wollte. Mich machte es fassungslos und fast aggressiv, wie viel Unrecht überall auf der Welt geschah. Und was taten wir? Der Großteil meiner Generation tanzte zu Musik aus der Dose und machte sich über die Zukunft keine Gedanken, nach dem Motto „Wird schon irgendwie werden …".

Und was machte dieses wunderbare Mädchen? Es ließ sich nicht erpressen. Anke nahm es in Kauf – und das alles für mich. Ein größeres Geschenk konnte es doch gar nicht geben. Ich musste ihr helfen! Aber wie? Was konnte ich tun? Was konnte ich zurückgeben? Kurz dachte ich darüber nach, Helmut Kohl einen Brief zu schreiben, er war schließlich der Bundeskanzler – aber leider in der falschen Partei, vielleicht könnte mein Vater ihm ja schreiben. Ich verwarf die Idee schnell.

Vielleicht nahm ich Kontakt zu Ankes Cousine auf und fragte nach, wie sie es geschafft hatte. Oder noch besser, ich schlug Anke vor, endlich Sport zu machen. Sportler durften schließlich „raus", beispielsweise zu Olympischen Spielen, wie diese Vorzeigesportlerin der DDR, die berühmte Eiskunstläuferin Katharina Witt.

Neben meiner Wut stellte sich aber auch eine gewisse Frustration ein. Ich hatte mit dem Sozialismus in der letzten Zeit immer wieder sympathisiert. Soziale und politische Gleichheit anzustreben beziehungsweise eine sozial gerechte Wirtschafts- und Gesellschaftsordnung zu formieren, die den Wert der Solidarität in den Mittelpunkt stellte, entsprach meiner politischen Weltanschauung. Gerade hatte ich mich in Meißen in einem kleinen Buchladen mit Marx-Engels-Lektüre eingedeckt. Für meinen Politik-Kurs hatte mir Anke außerdem weiteres Anschauungsmaterial und das Parteiprogramm der SED mitgegeben. Dass es im Gegensatz zum Kapitalismus in der Endstufe des Kommunismus kein „oben" und „unten" mehr geben sollte, das klang doch nach einem guten Ideal. Während man bei uns zu Hause die Ellbogen ausfuhr, um nach oben zu kommen, und die Freiheit des Einzelnen, die ich durchaus zu schätzen wusste, in der Realität oft nicht bei der Freiheit des anderen aufhörte, schien mir die Grundidee eines Staates, der tatsächlich seinen Bürgern gehörte, verlockend.

Je länger ich allerdings hier war und je intensiver ich mich mit Ankes Situation und der ihrer Mitmenschen auseinandersetzte, desto mehr machte sich Ernüchterung breit. Dieser real existierende Sozialismus war leider alles andere als gleich, gerecht und frei. Unterstützung war eher Unterdrückung, und Solidarität galt nicht für Andersdenkende. Und das, was Anke jetzt brauchte, war meine Solidarität mit ihr.

Als Reisegebrauchsgegenstände zur vorübergehenden Einfuhr mitgeführte Videogeräte (Recorder, Kamera, Kassetten), Fahrräder:

| Bezeichnung/Typ | Anzahl |
|---|---|
| WALKMAN | 1 |
| fotoapparat | 1 |
|  |  |
|  |  |
|  |  |

Mitgeführte genehmigungs- oder erlaubnispflichtige Gegenständ (in jedem Fall unaufgefordert anmelden):

| | | |
|---|---|---|
| Funksendeanlagen (z. B. Autotelefon, Handsprechfunkgeräte) | ja ☐ | nein ☒ |
| Schußwaffen, patronierte Munition | ja ☐ | nein |
| pyrotechnische Erzeugnisse | ja ☐ | n |
| Schußgeräte (z. B. Druckluftwaffen, Gasspray, Harpunen) | ja ☐ | |

Zutreffendes bitte ankreuzen

---

A 4762146

# ZOLL- UND DEVISENERKLÄRUNG
für Personen mit Wohnsitz außerhalb der DDR*

Inhaber des Personaldokumentes Nr. K 0940873

Bei der Einreise in die DDR mitgeführte Zahlungsmittel:

| Währung | Betrag in Ziffern |
|---|---|
| DEUTSCHE MARK | 2 0 0 , 0 0 |

Zum Verbleib in der DDR bestimmte Gegenstände:

| Bezeichnung | Anzahl/Menge |
|---|---|
| Lebensmittel | |
| KLEIDUNG | 3 |

*...ilt bereithalten.

---

Bei der Ausreise aus der DDR mitgeführte Zahlungsmittel:

| Währung | Betrag in Ziffern |
|---|---|
| Deutsche Mark | 3 5 . — — |

In der DDR als Geschenk erhaltene, durch Kauf oder anderweitig erworbene Gegenstände:

| Bezeichnung | Anzahl/Menge |
|---|---|
| Bücher | |
| Schreibwaren | |
| Bastelgegenstände | |
|  |  |
|  |  |
|  |  |

27. 10. 88
Datum

Unterschrift des Reisenden

*Zoll- und Devisenerklärung beim Verlassen der DDR*

# WIR SIND MITTENDRIN – BEGINN EINER NEUEN ZEITRECHNUNG

## Wieder in getrennten Welten – November 1988

Dossenheim, November 1988

Hallo Anke!

Ich möchte mich erst einmal herzlich bedanken für eure Gast-
freundschaft und die gesamte Woche bei euch. Ich habe mich
so wohl gefühlt, als gehörte ich zur Familie dazu. Das war schön.
Ich lege auch einen Brief meiner Eltern bei, die sich auch noch
einmal herzlich bedanken wollen. Hoffentlich hab ich mich an-
ständig verhalten und bin nicht in so viele Fettnäpfchen getreten,
hihi.

Mein Kurs war ganz begeistert von den Materialien, die ich für
die Schule mitgebracht habe. Auch meine Lehrerin war ganz
interessiert und ich mußte viel erzählen von meinem Aufenthalt
in der DDR. Eine meiner Freundinnen ist ja ein großer „Fan" der
DDR und sie hat mich echt ausgequetscht. Aber wir haben dann

auch ganz schön diskutiert, weil ich nun nicht alles so sehe wie sie, wie Du ja jetzt auch weißt.

Damit Du Dir ein bißchen vorstellen kannst, was ich Dir alles erzählt habe und damit Du ein aktuelles Bild von uns hast, habe ich Dir ein paar Fotos mit beigelegt. Und eine kleine Überraschung habe ich auch noch für Dich – die kommt aber mit einem

Im Sommer 1988, Bild für Anke

extra Paket. Nur soviel: Du hast mir erzählt, daß Du so etwas noch nie hattest und da hab ich es Dir einfach selbst gebastelt. Ich hoffe, Du freust dich.

Grüße mir ganz herzlich Deine Eltern, sie waren wirklich super. Und dann alles Gute für Deinen Bruder, wenn er denn bald zum Bund muß (ach, bei euch heißt das ja anders, aber du weißt, was ich meine). Schließlich wünsche ich Dir und Rico weiterhin viel Glück miteinander.

Und dann noch mal DANKE für alles. Es war so schön bei euch. Weißt Du, Du bist viel mehr als eine Freundin, eher eine Schwester für mich. Und über all das, worüber wir im Szeged gesprochen haben, mache ich mir intensiv Gedanken.

Ein Küsschen für Dich,
Steffie

Dennschütz, November 1988

Hallo Steffie!

Als erstes vielen Dank für Deinen und den Brief Deiner Eltern. Durch die Bilder hab ich doch eine bessere Vorstellung von dem, was Du mir alles von euch erzählt hast.

Im Büro ist es langweilig wie immer. Letzten Sonnabend waren Rico und ich in Lommatzsch zum Fasching (Schürzenball). Es war ganz toll dort. Ich freue mich schon auf Februar, die Faschingssaison. Am Donnerstag gehen wir mal nach Meißen ins Schwimmbad schwimmen. Das könnten wir eigentlich öfter machen, ist erstens gut für die Figur und dann macht's auch noch Spaß.

Mein Bruder hat am Sonnabend schon Vereidigung. Bei ihm, so schrieb er, sind nur 9 monatige Soldaten, also geht dort niemand länger als 9 Monate. Zur Vereidigung werde ich wahrscheinlich nicht mitfahren, denn mein Bruder bekommt nur 3 Plätze in einem Cafe. Diese Plätze sind von der Armee aus organisiert. Es werden ca. 1000 Soldaten vereidigt, na und da bekommt er nirgends noch einen 4. Platz. Also fahren meine Eltern und seine Freundin dorthin. Den Sonnabend hab ich aber trotzdem für mich schon ausgeplant. In Lommatzsch findet eine Geflügel- und Rassekaninchenausstellung statt. Na und da will ich natürlich hingehen. Dort findet auch immer eine Tombola statt, wo man sämtliches Getier lebend losen kann. Wir haben es dieses Mal auf eine Weihnachtsgans (der Hauptgewinn) abgesehen. Vielleicht haben wir Glück. Mit einem kleinen, so süßen Hamsterchen wäre ich natürlich auch zufrieden. Allerdings würde meine Mutter bestimmt nicht sehr glücklich darüber sein.

So, und das darf ich ja nun auf gar keinen Fall vergessen: Vielen Dank! Mit der Überraschung, von der Du geschrieben hast, hast Du mich echt neugierig gemacht (Paket kam später als die Briefe). Ganz vielen Dank für den tollen Kalender, gekostet oder reingekuckt hab ich noch nicht, aber er sieht schon gut aus. Ich freue mich schon auf den 1. Dezember, wo ich endlich mal 1 Kästchen nach dem anderen aufmachen kann. Also, damit hast Du mir wirklich eine Riesenfreude gemacht. DANKE! Ansonsten kann ich Dich nur noch mal herzlich einladen. Wenn Du mal wiederkommen möchtest und Dir es ein bißchen gefallen hat, dann schreibst Du einfach, wenn du Zeit hast und Deine Eltern bringst Du dann einfach mit (natürlich muß ich wieder alles einreichen, aber wie das läuft, weißt Du ja jetzt). Ich finde ja lustig, daß Du Deiner Freundin noch ein bißchen von der DDR erzählen mußtest. War sie nicht schon mal hier? Aber es gibt eben hier auch noch welche, die von allem total begeistert sind. Ich weiß gar nicht, wodurch diese Leute zu dieser Meinung kommen, daß alles, was Staat oder FDJ heißt, gut ist. Aber soviel Politik möchte ich lieber jetzt nicht schreiben, sonst sitze ich 1.30 Uhr noch hier und rege mich auf. Ich hoffe, daß die Parteiprogramme dann für Deine „Klasse" reichen und jetzt noch etwas nützen. So, das wärs für heute.

Dein Schwesterchen aus Deiner zweiten Familie

P.S. Meine Eltern meinten, sie würden Dich gern als Tochter anerkennen, denn sie waren ganz begeistert von Dir und ich sollte mir natürlich gleich in dieser oder jeder Hinsicht ein Beispiel an dir nehmen – grrrr …

## Party all night long – Silvester 1988

Claudi und ich hatten unsere Eltern dazu überredet, dass wir nach Weihnachten ein paar Tage in unser geliebtes Köln fahren durften. Es war zwar ein harter Kampf gewesen, aber am Ende hatten zwei glückliche Mädchen gesiegt, auf die die große Freiheit wartete. Zu

Silvester sollten wir eigentlich wieder zu Hause sein, denn erstens war ich gerade allein in der DDR gewesen, was sie bereits alle Nerven gekostet hatte, und zweitens war ich nach wie vor noch keine 18, und für Claudi, die zwei Jahre älter war als ich, war es eine große Bürde, auf „die Kleine" aufpassen zu müssen.

Wir fuhren – allerdings klügelten wir bereits auf der Hinfahrt einen Plan aus, wie wir unsere Erziehungsberechtigten doch noch überreden würden, in dieser aufregenden Stadt auch Silvester feiern zu dürfen. Feiern – das stand bei uns mittlerweile im Mittelpunkt unseres (Fast-) Erwachsenenseins. Wir entdeckten gerade die Disco-Welt für uns und unsere Lieblingslocation war der Schwimmbad-Club in Heidelberg. Dort gab es auf vier Etagen alles, was das junge Disco-Herz höher schlagen ließ. Ich hielt mich am liebsten in der dritten Etage auf, der eigentlichen Disco mit angesagter 80er- und manchmal auch 70er-Musik und kam mir ziemlich cool vor mit dem Oversize-Jackett meines Vaters und dem schwarzen Hut (*a tribute to* U2[46] ). Es dauerte Stunden, bis wir freitags und samstags endlich bereit waren, loszugehen – alles vor 22 Uhr war „Kinderkacke". Blöd war nur, dass ich eben noch keine 18 war, und immer wenn der Türsteher meinen Ausweis verlangte, musste ich um Mitternacht wieder draußen sein. Das nervte – und ich hoffte, das fehlende Vierteljahr würde schnellstmöglich vergehen ...

Aber nun standen wir in Köln, hatten bereits zwei tolle Abende hinter uns, und der Augenblick war gekommen, unseren Plan in die Tat umzusetzen und aus der nächsten Telefonzelle neben unserer Jugendherberge in Köln-Deutz meine Eltern anzurufen.

„Hallo Mama, wir sind's."

[46] U2: *die* Band der 80er, die mit „Sunday Bloody Sunday" 1983 einen großen Erfolg hatte. „The Edge", der Gitarrist, trug prinzipiell einen schwarzen Hut.

„Kinder, wie geht's euch denn?"

Meine Mutter schien mehr als erleichtert, dass wir uns meldeten.

„Alles super, Mama. Es ist echt großartig hier. Viele junge Leute und wir haben viel Spaß!"

„Das ist schön, aber wir sind schon froh, wenn ihr wieder heil zurückkommt. Geht ihr auch abends nicht so spät in die Herberge?"

Oje, unseren Plan erfolgreich zum Abschluss zu bringen dürfte einiges an Überzeugungskraft kosten.

„Ja, wir sind ganz brav, keine Sorge!" Ich zwinkerte Claudi verschmitzt lächelnd zu. Diese gab mir Zeichen, endlich zur Sache zu kommen, da unser Geld knapp wurde.

„Mama, es ist wirklich so schön hier und auch gar nicht gefährlich, und hier in der Jugendherberge gibt es an Silvester eine tolle Silvesterparty und da wollten wir euch fragen, ob wir vielleicht doch noch bis zum 1.1. dableiben dürfen?"

Nun war es raus.

Die Pause am Apparat verhieß allerdings nichts Gutes.

„Mama?"

„Stefanie, ich weiß nicht. Ich muss das erst mit Papa und mit Claudis Vater besprechen. Ruft doch heute Abend noch mal an, ja? Und bis dahin gebt auf euch acht."

Das war für den Anfang mehr, als wir erwarten konnten.

„Ja klar, Mama, aber es wäre so toll, wenn wir dürften. Bitte, bitte, bitte, ihr seid auch die besten Eltern der Welt."

„Schon gut, und jetzt spart euch euer Geld und meldet euch später. Tschüss, mein Schatz."

„Und, was hat sie gesagt?" Claudi hielt die Spannung kaum aus. Und ich zog das Drama noch ein wenig in die Länge.

„Sie hat gesagt ... sie will es mit Papa und deinem Vater besprechen und wir sollen uns heute Abend noch mal melden."

Claudi war nicht ganz so euphorisch wie ich.

„Na, ich weiß nicht – selbst wenn deine Mutter es zulassen würde, unsere Väter haben bestimmt etwas dagegen. Und wenn die rausfinden, dass wir sie angelogen haben …"

Meine Ausgelassenheit wurde an diesem Punkt etwas gedämpft. Das Wort „anlügen" ließ mich zusammenzucken und ich bekam für den Hauch einer Sekunde ein schlechtes Gewissen. Denn es gab natürlich keine Party in der Jugendherberge und wenn doch, dann wussten wir nichts davon. Aber das schlechte Gewissen war in dem Moment vergessen, als wir am Abend die Zusage unserer Eltern bekamen. Sie vertrauten uns und ließen uns gewähren. Wenn sie gewusst hätten …

Aus dem Zug von Köln nach Heidelberg, 1.1.1989

Liebe Anke,

ich schreibe Dir aus dem Zug von Köln heim, wo ich mit Claudi Silvester verbracht habe. Ich habe einen ziemlichen Kater und es geht mir nicht wirklich gut. Claudi spricht gerade kein Wort mit mir und ich kann auch verstehen warum. Aber der Reihe nach. Wir beide hatten mit einer kleinen Ausrede, einem Trick, unsere Eltern dazu gebracht, daß wir Silvester in Köln feiern können. Aber wir beide blieben natürlich nicht in der Jugendherberge, wie wir unseren Eltern vorschwindelten, sondern zogen um die Häuser. In der Mensa fand eine öffentliche Veranstaltung statt, und da Claudi quasi schon fast Studentin war, suchten wir uns die Uni-Party aus. Die Bowle schmeckte phantastisch und es dauerte nicht lange, bis wir die ersten Jungs kennenlernten. Mit zwei süßen Kölnern fuhren wir – schon etwas betütelt – mit dem Fahrstuhl auf das Dach der Uni, um uns das Feuerwerk anzusehen. Es war wie im Film – Silvester auf dem Dach unserer Welt mit einem Jungen, mit dem ich schon bald wild zu knutschen begann. Und dann baute ich richtig Mist. Ich dachte nur an mich; und an

die süßen Stunden mit diesem netten Kerl, der mir die Welt bzw. Köln zu Füßen legen wollte. Und ohne darüber nachzudenken geschweige denn Claudi etwas davon zu sagen, folgte ich ihm – und dummerweise meinen Hormonen. Erst als am frühen Morgen der Alkohol seine Wirkung verlor und mir klar wurde, daß ich so schnell wie möglich in die Jugendherberge und zu Claudi mußte, wurde ich langsam nervös. Gott sei Dank erwies er sich als Gentleman, brachte mich wohlbehalten und unversehrt zur Jugendherberge zurück, die ich allein nicht gefunden hätte, das kannst Du mir glauben. Claudi hat mir mächtig eingeschenkt – von wegen, sie einfach allein zu lassen, egoistisch zu sein. Sie hat sich echt Sorgen gemacht, fühlte sich ja als Ältere auch verantwortlich. Das war auch echt bescheuert von mir. Hoffentlich erzählt sie meinen Eltern nichts.
Drück mir die Daumen, daß ich das wieder hinbekomme!
Wie hast Du Silvester verbracht?
Verkaterte Grüße
Steffie

## Volljährig, endlich geschafft – März 1989

Dennschütz, März 1989
Liebe Steffie,
nun hast Du es also auch geschafft: Herzlichen Glückwunsch zu Deinem 18. Geburtstag und zur Volljährigkeit!!! Das Päckchen mit Deinem Geschenk kommt nach, ich hatte eine gute Idee, aber es dauert leider noch ein wenig, bis ich Dir das Geschenk schicken kann.
Wie hast Du denn deinen Geburtstag verbracht? Habt ihr eine große Fete gefeiert?

Ich muß mich immer noch von den Faschingsfeierlichkeiten erholen, obwohl diese über einen Monat her sind. Ich hatte mir ein tolles Kostüm genäht und ich war froh, daß ich den Stoff noch rechtzeitig bekommen habe. Das Kostüm sah am letzten Faschingstag auch sehr mitgenommen aus und ich muß nun versuchen, ob ich die Flecken gut wieder herausbekomme. Nächstes Jahr möchte ich auf jeden Fall wieder hingehen, man muß sich allerdings schon Ende des Jahres für die Karten anmelden.

Im Büro ist alles wie gehabt – es ist langweilig und ich habe auch nicht viel zu tun. Deshalb schreibe ich dir jetzt auch direkt von meinem Schreibtisch.

Was machen denn Deine Pläne? Du weißt schon, was ich meine. Wir wollen diesen Sommer wieder an den Balaton fahren, aber ich weiß noch nicht, ob es klappt.

Viele Grüße

Anke

*Fotoshooting zum 18. Geburtstag*

Volljährig – welch ein Gefühl! Ich hatte es in der Tat endlich geschafft und verabschiedete mich mit einer gebührenden Party von meinem Leben als Kind.

Zusammen mit Oliver, einem guten Freund, mit dem ich in letzter Zeit oft unterwegs war und der nur zwei Tage nach mir Geburtstag hatte, feierte ich ein rauschendes Fest. Wir hatten einen Gemeindesaal gemietet, in dem wir durch die Connections meiner Mutter auch übernachten durften. In der Vorbereitung hatten wir jede Menge leckerer Getränke gekauft – vor allem Havanna-Cola und Batida-Kirsch sollten sich als *die* Renner herausstellen. Oliver hatte eine Musikanlage organisiert und so tanzten wir die ganze Nacht hindurch. Wir hatten extra jede Menge Kassetten aufgenommen und Oliver brachte sogar ein paar von diesen neuen CDs mit. Der Musikgeschmack unter den Partygästen war stark durchmischt und so war ständig jemand – wie ein DJ – damit beschäftigt, die Kassetten zu wechseln. Während die einen eher auf die aktuellen Charts abfuhren (ich konnte „Don't worry, be happy" fast nicht mehr hören), gab es auch die U2-Fraktion, zu der ich gehörte, und wir bestanden mehrmals auf „Pride – in the Name of Love" oder natürlich nach wie vor auf BAP. Und sogar meine Eltern konnten es sich verkneifen, am Abend „einfach mal so" vorbeizuschauen. Wir waren also ungestört und ließen es ordentlich krachen. Bis auf Anke, die ich so gerne dabei gehabt hätte, waren alle meine Freunde da – und ich war glücklich.

Am Morgen – beziehungsweise späten Vormittag – des nächsten Tages ließen es sich meine Eltern allerdings nicht nehmen, zum Aufräumen vorbeizukommen, und es musste sich ihnen ein grausames Bild geboten haben: Wir lagen mit unseren Schlafsäcken im ganzen Saal verstreut, inmitten von Plastikbechern, Flaschen und Müll. Der gesamte PVC-Boden war durch die süßen Getränke, die zu späterer Stunde nicht nur den Weg in den Mund gefunden hatten, zu einer einzigen Klebefläche geworden.

„Himmel hilf, wie sieht es denn hier aus?", entfuhr es der durchdringenden Stimme meiner Tante, die ebenfalls zum Helfen gekommen war. „Ist das hier ein Obdachlosenlager?"

Schon bei „Himmel hilf" schreckte ich hoch, hatte ich doch eigentlich vor dem Eintreffen meiner Eltern ein wenig klar Schiff machen wollen. Nun war es zu spät. Mit donnerndem Kopf erhob ich mich zusammen mit den anderen Gestrandeten eines unvergleichlichen Abends, und mehr schlecht als recht versuchten wir, meiner Familie, die motiviert und ausgeschlafen ans Werk ging, bei der Beseitigung der Spuren der letzten Nacht zur Hand zu gehen. Wenn unsere Helfer nicht so laut gesprochen hätten – wie mein Vater, der meinte, die übrig gebliebenen Gäste weiter unterhalten zu müssen –, hätte man auch diese Veranstaltung in Würde abschließen können. Dafür wurden wir schneller fertig und der Raum war wieder blitzblank geputzt – sowohl meine Eltern als auch ich trugen es mit Fassung.

Dossenheim, Mai 1989

Liebe Anke,

ich hätte nie gedacht, daß sich mit der Volljährigkeit so viel ändert. Denn kaum bin ich 18, habe ich tatsächlich einen richtigen Freund – und es scheint etwas Festes zu geben. Du kannst Dir vorstellen, wie happy ich momentan bin. Ich lernte IHN, ANDREAS, im Schwimmbad-Club kennen, in der Disco, in die wir jedes Wochenende gehen. Letzthin durfte ich das erste Mal mit dem Fiat Bambino meiner Mutter in die Disco fahren, da ich ja nun auch den Führerschein habe; für Claudi und mich war das ein unglaubliches Glücksgefühl. UND: Ich mußte ja jetzt nicht mehr um zwölf raus (das erste Mal nach meinem 18. hielt ich dem verdutzten Türsteher meinen Ausweis unter die Nase, obwohl er ihn gar nicht sehen wollte. Der hat vielleicht geguckt!) Und dann lernten wir ein paar Leute kennen, unter anderem war Andreas dabei. Sie wollten nach der Disco noch auf ein Grundstück fahren, und wir schlossen uns gerne an, es war eine relativ laue Nacht und ich fand Andreas schon auf der Tanzfläche echt süß. Und so fuhren Claudi und ich um 3 noch mit und Du kannst Dir vorstellen, wie es geendet ist. Andreas und ich küßten uns zum Abschied und er wollte am nächsten Tag bei mir vorbeikommen. Im Glückstaumel fuhren wir früh morgens nach Hause und ich stellte den kleinen, lauten Fiat extra um die Ecke ab, um meine Eltern nicht zu wecken. Aber weit gefehlt … sie hatten kein Auge zugemacht, weil sie nicht wußten, wo ich war. Welch ein Aufstand, als ich die Tür aufschloß. Da war man einmal ausgelassen und glücklich und sie konnten es einem echt vermiesen. Mittlerweile haben sie sich daran gewöhnt, daß Andreas öfter kommt und ich darf auch mit dem Auto zu ihm fahren (ca. 20 km weit weg).

Du siehst, es ist viel passiert. Wie weit seid ihr denn mit euren Urlaubsplänen?

Sei lieb gegrüßt von Wolke 7

Steffie

## Überraschender Besuch kündigt sich an – Juni 1988

Das Telefon läutete und ich nahm wenig Notiz von dem Telefonat, das meine Mutter im Flur führte. Wenn es nicht für mich war, konnte es auch nicht so wahnsinnig spannend sein. Ich schnappte nur ein paar überschwängliche Worte meiner Mutter auf, während ich gedankenverloren in der Küche über meinem Mittagessen vor mich hin sinnierte.

Gerade gestern hatte ich wieder in unserem Atlas die Karte von Ungarn studiert und mir überlegt, wie ich meine Eltern dazu bringen konnte, in diesem Sommer „rein zufällig" am Plattensee Urlaub zu machen – gemeinsam. Sicher, meine Eltern würden die Lunte natürlich sofort riechen, andererseits wäre es ja auch nicht verwerflich, ihnen ein gemeinsames Treffen mit Ankes Familie auf „neutralem" ungarischem Boden vorzuschlagen. Dann hätten Anke und ich genug Zeit, alles für ihre Flucht vorzubereiten.

„Das ist ja eine Riesenüberraschung! … Nein, Sie stören überhaupt nicht! … Ja, wir freuen uns riesig …"

Erst bei „Da wird Stefanie aber Augen machen!" wurde ich aus meinen Gedanken gerissen. Mit wem zum Teufel redete sie?

Als meine Mutter die Küche betrat, grinste sie wie ein Honigkuchenpferd. Und ich wusste: Nun kommt sie wieder, die Überraschungsinszenierung. Ich musste allerdings zugeben, dass ich mittlerweile auch irre gespannt war. Trotzdem blieb ich cool.

„Na, mit wem hast du geredet, dass du über beide Ohren vor dich hin grinst?", gab ich mich betont lässig.

„Das errätst du nie." Bingo!

„Mama, bitte!"

„Stell dir vor", und nun sprühte meine Mutter tatsächlich so vor Begeisterung, dass ich mich nicht erwehren konnte, mich schon mitzufreuen, bevor ich wusste, worum es sich drehte. „Ankes Mutti kommt uns besuchen."

Nun war es raus. Meine Mutter wartete auf meine Reaktion.

„Stefanie, hast du gehört, was ich dir gerade gesagt habe?"

Ja, ich hatte es gehört, aber bei meinem Verstand war die Aussage noch nicht angekommen.

„Sie ist gerade in Hessen bei ihrer Westverwandtschaft und kommt morgen für drei Tage zu uns zu Besuch. Ist das nicht unglaublich?"

Mit einem Mal wurde mir schlagartig klar, wovon meine Mutter sprach, und ich stimmte in ihren Freudentaumel ein: „Echt? Ankes Mutti kommt hierher zu uns? Was macht sie denn in Hessen? Und wie hat sie es geschafft, auch zu uns ..."

Meine Mutter unterbrach mich lachend.

„Das kannst du sie alles fragen, wenn sie da ist. Jetzt wollen wir ihr erst einmal ein Zimmer herrichten. Hilfst du mir?"

Und genauso gerne, wie ich meiner Mutter mit 10 Jahren half, die Pakete für meine „Zweitfamilie" zu packen, so gerne half ich ihr auch jetzt, um es Ankes Mutter so schön und angenehm wie möglich zu machen.

Als wir sie am nächsten Tag vom Bahnhof abholten, gab es zunächst ein tränenreiches Wiedersehen. Wie sehr freute ich mich, Ankes Mutter so schnell wieder in die Arme schließen zu können. Und endlich lernten auch meine Eltern sie persönlich kennen. Es war wie ein

Familientreffen, wir waren so vertraut, als würden wir uns schon ewig kennen, und bereits nach kurzer Zeit waren wir alle per Du. Renate war ganz angetan von unserem Haus und dem für sie hergerichteten Zimmer mit eigenem Bad. Und während sie mich erneut, wie schon vor einem halben Jahr, mit ihrer zurückhaltenden und besonnenen Art beeindruckte, schämte ich mich fast ein bisschen ob des „zur Schau gestellten Reichtums".

„Renate, aber erzähl mal. Wie hast du es geschafft, dass du jetzt doch rüber konntest?"

Ich war hochmotiviert und interessiert und wollte *alles* wissen.

„Na ja, die Besuchsmöglichkeiten werden mehr und mehr gelockert. Ich habe einen Antrag gestellt, um zum 85. meines Onkels zu fahren – und warum auch immer, sie haben es mir genehmigt. Beim 83. hatte der Schulrat noch große Bedenken gehabt, aber dieses Jahr hat es geklappt. Fragt mich nicht warum. Ich habe das Gefühl, sie müssen den Bürgern etwas entgegenkommen. Die Stimmung im Land ist nicht besonders gut. Das merke ich auch in der Schule."

Ankes Mutti war ja Lehrerin und wusste, wovon sie sprach.

„Die Jugend hat so wenige Möglichkeiten und die Wirtschaft wird immer maroder.[48] Wenn es so weitergeht, dann macht uns diese Planwirtschaft kaputt. Es gibt auch nicht mehr viel zu kaufen, und die jungen Menschen werden langsam ungehalten. Die kriegen ja vielerorts mit, wie es hier in der BRD läuft. Anke und ihr Bruder sind da keine Ausnahmen."

„Aber dass sie dir als Lehrerin gestattet haben, auch uns zu besuchen und nicht nur deinen Onkel, das macht doch Hoffnung, dass vielleicht auch Anke bald kommen darf", warf ich erwartungsvoll ein.

---

[48] Kennzeichen der wirtschaftlichen Lage der DDR im Jahr 1989 waren unter anderem eine geringe Produktivität, überalterte Anlagen, hohe Verschuldung – kurzum das Land befand sich mitten in einer Wirtschaftskrise, die sich kurze Zeit später zur Staatskrise ausweiten sollte.

Renate schwieg und schaute einen nach dem anderen am Tisch betreten an.

„Na ja, es ist nicht ganz so, dass sie es mir gestattet haben ...", begann sie zögerlich.

„Wie meinst du das?", erwiderte mein Vater. „Du wirst ja nicht geflüchtet sein, oder?" Halb im Spaß, halb ernsthaft sprach er das Unmögliche aus.

*Geflüchtet?* Mir lief es kalt den Rücken herunter und ich zuckte zusammen: „Geflüchtet" war mein Stichwort – aber unmöglich würde ich jetzt meine Fluchtpläne für Anke ansprechen können. Ich hielt den Atem an.

„Nein", antwortete Renate schnell, „natürlich bin ich nicht geflüchtet. Das könnte ich meinen Lieben zu Hause ja nicht antun. Aber ..."

Ich atmete durch, während sie versuchte, sich abzusichern, dass ihr scheinbares Geheimnis bei uns in guten Händen wäre.

„Renate, du kannst uns alles sagen", nahm meine Mutter sichtlich den Druck von ihr.

„Ich habe eigentlich nur die Berechtigung, meine Verwandten zu besuchen. Aber ich dachte, wenn ich schon die Möglichkeit habe, dann möchte ich mein Mädchen wiedersehen und ihre Eltern kennenlernen. Und dann hab ich mich in den Zug gesetzt und bin einfach hierher gefahren."

Wir waren baff.

„Allerdings ...", nun war es raus und Renate erzählte äußerst gelöst und entspannt weiter, „hatte ich keine Fahrkarte gekauft und war ziemlich irritiert, als ein Zugbegleiter danach verlangte. Gott sei Dank hatte ich genug Geld dabei, um dann im Zug eine Karte zu lösen. Stellt euch vor, ich hätte meinen Wohnort angeben müssen." Sie lachte so herzlich, dass wir in ihr Lachen einstimmen mussten, obwohl die Situation an sich auch anders hätte ausgehen können.

Aber nun war sie da und wir hatten eine fantastische Zeit zusammen. Am nächsten Tag zeigten wir ihr Heidelberg und kauften allerlei Klamotten und Dinge ein, die sie mit in die DDR nehmen konnte. Auch meinen Brief an Anke musste ich dieses Mal nicht mit der Post schicken, sondern konnte ihn ihr direkt mitgeben. Ich scheute mich nicht, alles das hineinzuschreiben, was ich wollte, denn ich glaubte fest daran, er werde sein Ziel unbeschadet – und ungeöffnet – erreichen.

*Mit Eltern und Ankes Mutti in Heidelberg*

Und nach drei wundervollen Tagen setzten wir Renate mit einer gültigen Fahrkarte in den Zug zurück – zunächst nach Hessen –, und wir waren überglücklich, dass wir wenigstens einem Teil von Ankes Familie unser Leben hatten zeigen können.

## Prager Spätsommer oder die Lage verändert sich – September 1989

Mein letztes Schuljahr war angebrochen und ich freute mich auf unsere Abschlussfahrt nach Prag. Prag musste eine fantastische Stadt sein – die Kneipenszene war angeblich legendär! Innerhalb kürzester Zeit würde ich ein weiteres sozialistisches Land kennenlernen. Aber dieses Mal war irgendetwas anders, und ich spürte diesen Hauch der Veränderung bereits bei meinem Eintreffen in der tschechoslowakischen Hauptstadt.

Wir wohnten direkt am Wenzelsplatz im ehrwürdigen Hotel Europa, an dem zwar auch der Zahn der Zeit nagte – aber es war *der* Platz im Herzen der Stadt, an dem 1968, zu Zeiten des „Prager Frühlings"[49],

---

[49] Nachzulesen unter: https://www.hdg.de/lemo/kapitel/geteiltes-deutschland-modernisierung/internationale-entwicklungen/prager-fruehling.html

mutige Menschen für den Erhalt ihrer Freiheit gekämpft hatten. Unter Führung von Alexander Dubček, der den Sozialismus reformieren und demokratisieren wollte, hatten die Tschechoslowaken erheblichen Widerstand gegen den sowjetischen Bruder geleistet – und auch wenn die Sowjets diesen gewaltsam niedergeschlagen hatten, hatte man das Gefühl, als habe sich Prag, diese goldene Stadt an der Moldau, den Geist der Freiheit erhalten.

Im Gegensatz dazu hatte in der DDR die Niederschlagung eines Arbeiteraufstands vom 17. Juni 1953[50] dazu geführt, dass sich die Menschen zurückzogen, dass sie sich private Nischen schufen – oder ausgewandert waren aus ihrer Heimat, deren Regime gewaltsam gegen jene vorging, die in der noch jungen sozialistisch verstandenen demokratischen Republik eigentlich die Macht haben sollten: die Arbeiter. Daraufhin hatte die Regierung 1961 beschlossen, die Grenzen ein für alle Mal dicht zu machen, um den Auswanderungsstrom zu stoppen. „Niemand hat die Absicht eine Mauer zu errichten"[51] – kurze Zeit später waren die Grenzen zu und die Menschen ihrer Freiheit beraubt.

Die Tschechoslowakei kannte diese Probleme zwar ebenso, sie gehörte auch zum Ostblock, zum Warschauer Pakt[52], schottete sich aber – ähnlich wie Ungarn – nicht ganz so rigoros gegenüber dem Westen ab.

Die Devisen, die durch die Urlauber aus der Bundesrepublik ins Land flossen, wusste man gerade Ende der 80er-Jahre zu schätzen und sie dementsprechend zu nutzen. Außerdem gab es in beiden Ländern eine starke Bürgerrechtsbewegung, die seit 1988, im Zusammenhang mit Gorbatschows Reformprogramm, mit politischen Aktionen in

[50] Nachzulesen unter: http://www.17juni53.de/home/index.html

[51] Ausspruch von DDR-Staats- und Parteichef Walter Ulbricht am 15. Juni 1961, kurz vor der Errichtung des „antiimperialistischen Schutzwalls", der Mauer.

[52] Militärbündnis der kommunistischen Staaten des sogenannten „Ostblocks" unter Führung der Sowjetunion

Erscheinung getreten war. Und so war es kein Wunder, dass die Ereignisse des Sommers 1989 gerade in diesen beiden Ländern zum *Symbol des Aufbruchs*, zum *Symbol der Freiheit* für viele Menschen – auch aus der DDR wurden. Ungarn hatte im Mai 1989 beschlossen, seine Grenzen abzubauen, und öffnete am 19. August 1989 offiziell den Eisernen Vorhang Richtung Österreich.

Auch ich hatte gebannt vor dem Fernseher die Geschehnisse verfolgt und meinen Augen kaum getraut. Keiner von uns hatte damit gerechnet, dass das Land ausgerechnet im Sommer, in dem der Ansturm der DDR-Bürger auf den Balaton wie jedes Jahr ungebrochen war, solch eine weitreichende Entscheidung treffen würde. Ich zählte eins und eins zusammen. Fällt die Grenze, fällt ein ganzes System, und zwar in sich zusammen. Ob ihnen das klar war? Was ging in der ungarischen Regierung vor? Was würde die DDR-Regierung dagegen unternehmen? Vor allem – wie würde Herr Gorbatschow reagieren, er, der doch mit seiner *Perestroika* für diese Entwicklungen mit verantwortlich war?

Und die wichtigste Frage: Warum war Anke jetzt nicht in Ungarn, warum war sie nach Bulgarien gefahren und nicht – wie geplant – nach Ungarn? Es wäre *die* Gelegenheit gewesen, unseren Plan auf ganz einfache Weise umzusetzen – nun könnte sie einfach über die Grenze gehen mit vielen Tausend anderen!

*Warum war sie nicht da gewesen?*

Nun befand ich mich in Prag und die Frage drängte sich erneut in mein Bewusstsein.

Als wir am nächsten Tag die Stadt zu Fuß erkundeten, fielen uns überall die vielen Polizisten und Soldaten auf. Während wir von einer Besichtigung des Hradschins wieder in Richtung Malá Strana[53] hin-

---

[53] Stadtviertel, in dem sich die damalige bundesdeutsche Botschaft befand

unterliefen, nahm ihre Dichte immer weiter zu.

„Weißt du, warum die hier so eine wahnsinnig hohe Polizeipräsenz haben? Da können wir uns ja gar nichts erlauben", flüsterte mir Tanja zu, da wir uns kaum trauten, uns am helllichten Tag laut miteinander zu unterhalten.

„Ich weiß nicht, vielleicht hat das was mit den Ereignissen in der Botschaft zu tun. Seit wir hier sind, hab ich keine Nachrichten mehr mitgekriegt, aber kurz bevor wir gefahren sind, hieß es doch, dass ganz viele DDR-Bürger in die bundesdeutsche Botschaft geflüchtet sind."

Das wollten wir sehen! Frau Schneider schaute auf ihrem Stadtplan nach und tatsächlich, wir befanden uns nur wenige Straßenzüge von der bundesdeutschen Botschaft entfernt. Ich merkte, wie ich nervös wurde. Irgendetwas zog mich fast magisch an diesen Ort. Ich wollte mich davon überzeugen, dass das, was in den Nachrichten kam, auch wirklich der Realität entsprach. Denn wenn das stimmte, dann müsste ich sofort Anke schreiben, dass ich einen weiteren Ausweg für sie gefunden hatte. Zumindest indirekt und ansatzweise wollte ich ihr auf einer Postkarte Hinweise geben:

Prag, September 1989

Liebe Anke,
hiermit schicke ich Dir liebe Grüße aus Prag.
Wir sind hier auf Studienfahrt und ich bin ganz begeistert von dieser tollen Stadt. Du solltest dir diese Stadt auch *unbedingt bald* einmal anschauen. So viel Geschichte. Und *unglaublich spannend*. Besonders die Altstadt rund um den Hradschin und das Stadtviertel Mala Strana sind sehenswert.
Viele Grüße
Steffie

Unsere Lehrerin gab schließlich meiner Bitte nach, doch einen kurzen Umweg zu laufen, und wir näherten uns der Straße mit dem Botschaftsgelände. Noch bevor wir etwas sehen konnten, hörten wir sie – die Unmenge an Menschen, Flüchtlingen, die keinen anderen Ausweg mehr sahen, als auf dem kleinen Gelände der Botschaft auszuharren – in der Hoffnung, auf legalem Weg in die BRD auszuwandern.

Das durch einen hohen Zaun abgesperrte und gesicherte Grundstück glich auf den ersten Blick einem völlig überfüllten Campingplatz. Wir selbst mussten, um daran vorbeigehen zu dürfen, an der Straßenecke den bewaffneten Sicherheitskräften unsere Ausweise zeigen. Erst nachdem sie geprüft hatten, dass wir keine weiteren Flüchtlingskandidaten waren, durften wir, „bitte zügig und ohne anzuhalten", am Gebäude vorbeilaufen. Ich fühlte mich ein wenig wie im Zoo: Ich war die Besucherin und starrte auf die vielen Menschen hinter einem hohen Zaun. Und ich fühlte mich

Die DDR-Flüchtlinge auf dem Gelände der bundesdeutschen Botschaft in Prag

schlecht. Ich war gerade einmal 18 Jahre alt, konnte mich überall auf der Welt frei bewegen, meine Zukunft lag sorgenfrei vor mir – und das zeigte ich jenen Menschen auch noch mit meinem Vorbeidefilieren, Familien, die eventuell alles aufgegeben hatten, was sie besaßen, nur um in „mein" Land zu kommen, und die in großer Not ohne ein Dach über dem Kopf, in der Tat wie Tiere eingesperrt zwischen einem Zaun und einer Villa friedlich und abwartend auf der überfüllten Wiese saßen; einer Villa, die über ihre Zukunft und ihr Schicksal zu entscheiden hatte. Zurück konnten sie nicht mehr, aber wo ging ihr Weg hin?

Ich hielt diese Situation nicht aus und beeilte mich, so schnell wie möglich wieder von dieser Straße wegzukommen. Ich war verstört und nachdenklich, weil ich nun nicht mehr nur aus dem Fernseher, dessen Bilder immer weit weg erschienen, sondern mit meinen eigenen Augen gesehen hatte, vor welchen Herausforderungen wir alle standen, sowohl die Menschen hinter als auch die vor dem Zaun.

Und ich musste an meine Großmutter denken: Würde sie es doch noch erleben, dass aus zwei Ländern (wieder) eines wurde? Außerdem waren meine Gedanken ständig bei Anke. Ich würde sie sofort nach dieser erlebnisreichen Woche in Prag anrufen.

## Die Situation spitzt sich zu – Oktober 1989

„Steffie, bist du's?"

Aufgeregt, weil meine Freundin endlich ans Telefon ging, nachdem ich es schon mehrfach versucht hatte, musste ich dennoch über ihr lautes Schreien lachen.

„Anke? Ja, ich bin's, Steffie, aber du brauchst nicht so zu schreien, das ist ein Telefon und ich verstehe dich gut."

„Die Verbindung ist ziemlich schlecht, aber ich freue mich, dass du anrufst. Ist was passiert?"

Anke war ja lustig. An allen Ecken und Enden brodelte es, Außenminister Genscher hatte gerade auf dem Balkon der Prager Botschaft allen Ausreisewilligen ihre Ausreise genehmigt[54], in Leipzig und inzwischen in immer mehr Städten der DDR demonstrierten montags mehr und mehr Menschen in Kirchen und auf den Straßen gegen das System, während sich die DDR-Führung mit großem Brimborium auf ihren

---

[54] Am 30.09.1989 sagte Hans-Dietrich Genscher: „Wir sind zu Ihnen gekommen, um Ihnen mitzuteilen, dass heute Ihre Ausreise ..." Der Rest („möglich geworden ist") ging im Jubelsturm der Menge unter. Nachzulesen unter: https://www.tagesschau.de/inland/genscher-prag-101.html

40. Geburtstag vorbereitete ... und meine Anke fragte mich, ob was passiert sei?

„Bei euch scheint ja ordentlich was los zu sein! Wir sehen hier immer so verschwommene Bilder aus Leipzig. Und ich war doch gerade in Prag und auch da ...“

Anke unterbrach mich abrupt.

„Die Stimmung hier ist total ... ich kann es kaum beschreiben.“

„Versuch's!“

„Also, dass in Leipzig Demos sind, das hast du sicher bei euch in den Nachrichten gesehen.“

„Ja, aber ich kann's mir gar nicht richtig vorstellen.“

„Steffie, es ist nicht nur Leipzig. Das passiert gerade überall. Petra war letzte Woche Donnerstag in Erfurt. Sobald die Sonne unterging, sind wie von Geisterhand die Menschen zusammengekommen und sind durch die Innenstadt gelaufen. Und sie hatten Kerzen dabei, einige hatten Transparente, viele hatten warme Decken und Tee und sie sind einfach so durch die Stadt gelaufen. Keine Straßenbahn ist mehr gefahren. Und schließlich sind sie in eine Kirche gegangen, ich glaube, das war für viele das erste Mal, dass sie bewusst in einer Kirche waren. Aber noch viel unheimlicher ist, was gerade in Dresden passiert. Ich war Montagabend mit meinem Bruder und meinem Freund auch da. Dort waren Tausende auf den Straßen – und wir liefen nicht einfach nur so, sondern wir wurden rechts und links von Soldaten flankiert. Die standen da mit ihren Gewehren. Weißt du, wie unglaublich das ist? Wenn die, die uns eigentlich beschützen sollen, eine Mauer rechts

*Demo in Leipzig 1989: „Wir wollen keine Gewalt! Wir wollen Veränderungen!“*

und links bilden – und man nicht weiß, ob man den Abend friedlich übersteht?"

Ich war überwältigt und dennoch schien mir die Situation so unwirklich. „Aber wofür genau geht ihr auf die Straße? Bei uns gibt es auch seit Jahren Demos: gegen Atomkraft, gegen den Nato-Doppelbeschluss, gegen Umweltverschmutzung und für Frieden. Was genau fordert *ihr*? "

„Bei uns geht es um eine grundsätzliche Veränderung des politischen Systems. Endlich! Es geht um Selbstbestimmung ohne Kontrolle. Um wirkliche Wahlfreiheit. Darum, dass wir uns von dem Geld, das wir verdienen, auch etwas kaufen können. Es gibt kaum noch Waren. Und natürlich geht es auch um Reisefreiheit."

„Ich habe die Demonstranten skandieren gehört: ‚Wir sind das Volk'. Ihr seid alle so verdammt mutig! Bei meiner Studienfahrt nach Prag habe ich die Ausreisewilligen in der bundesdeutschen Botschaft gesehen. Anke, du musst unbedingt nach Prag, unser Außenminister war gerade dort und die Chancen stehen gut, dass man von da aus ohne Probleme hierher ausreisen kann."

Es entstand eine Pause, von der ich nicht wusste, was sie bedeuten sollte. Wir waren doch fast am Ziel. Was gab es jetzt noch zu zögern?

„Ich weiß nicht, Steffie. Einerseits will ich nach wie vor weg. Aber jetzt, wo etwas passiert, kann ich doch nicht gehen! Ach, ich weiß gar nichts mehr. Ich melde mich wieder. Ich muss jetzt Schluss machen."

„Es ist einfach unglaublich, was bei euch passiert. Pass gut auf dich auf, hörst du?"

Als ich am 4. Oktober in den Nachrichten hörte, was Gorbatschow bei den Feierlichkeiten zum 40. Geburtstag der DDR zu einer Journalistin sagte, ahnte ich noch nicht, dass er Recht behalten würde: „Wer zu spät kommt, den bestraft das Leben."[55]

---

[55] Die Äußerung Gorbatschows lautet wörtlich übersetzt: „Ich glaube, Gefahren warten nur auf jene, die nicht auf das Leben reagieren", nachzulesen unter: http://www.zeit.de/1999/41/199941.stimmts_gorbatsc.xml.

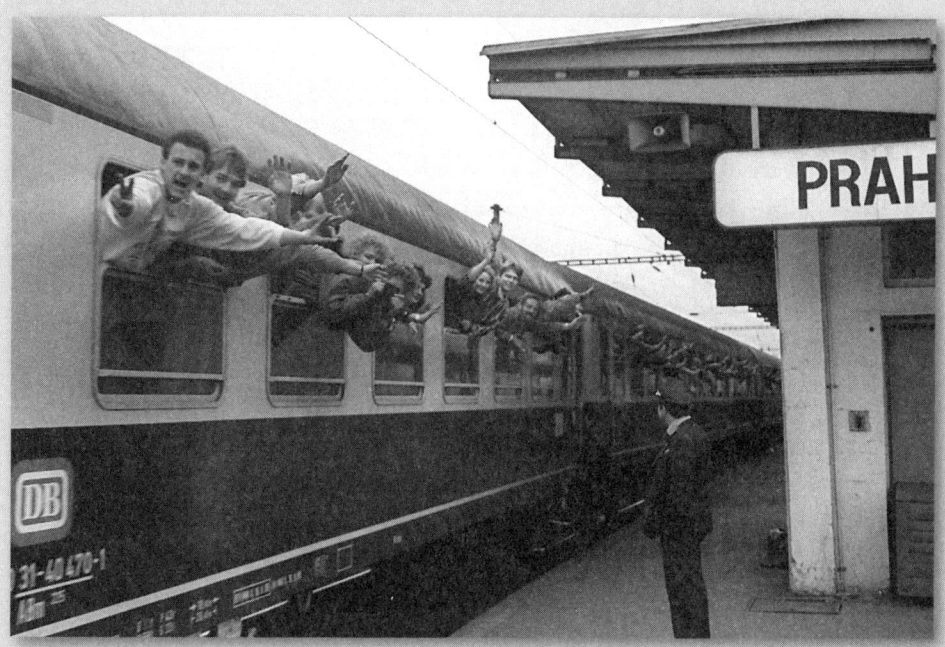

Im September 1989 hatten sich bis zu 4000 ausreisewillige DDR-Bürger auf das Gelände der bundesdeutschen Botschaft in Prag geflüchtet. Nur wenige Stunden nach der Rede von Hans-Dietrich Genscher wurden noch am Abend des 30.09.1989 die ersten Züge zur Ausreise der Flüchtlinge bereitgestellt. Die Fahrt ging von Prag über das Staatsgebiet der DDR nach Hof in Bayern. Immer mehr DDR-Bürger drängten daraufhin nach Prag, andere sprangen während geplanter Zwischenstopps oder sogar bei langsamer Durchfahrt auf die Züge auf und es kam zu tumultartigen Szenen auf den Bahnhöfen. Insgesamt brachten 14 Züge über 13 000 Menschen in den Westen. Nach kurzer Einführung der Visumspflicht für die ČSSR hob die DDR-Führung unter dem Druck der Demonstrationen diese wieder auf. Einen Monat später sollte die Mauer fallen.

## Das Unglaubliche wird wahr – 9. November 1989

Von meinem Zimmer aus hörte ich meinen Vater im Wohnzimmer regelrecht schreien.

„Steffie, schnell, komm mal runter!"

„Papa, was gibt's denn? Warum schreist du denn so? Sei doch nicht so laut, wegen Omi ..."

Seit gut einem Vierteljahr hatte ich mein Zimmer an meine Groß-mutter abgetreten, die sehr krank war – erst seit Kurzem wussten wir, dass sie Krebs hatte – und sich nicht mehr allein in ihrer Wohnung versorgen konnte. Jeden Tag und jede Woche konnte man sehen, wie es ihr schlechter ging. Also war ich in mein „Arbeitszimmer" auf die Matratze umgezogen und machte meiner geliebten Großmutter Platz, mit der ich jetzt Tür an Tür wohnte.

„Ich mache keine Witze, entweder du kommst schnell runter oder du schaltest deinen Fernseher an. Du wirst Augen machen!"

Damit hatte mein Vater dann doch meine Neugier geweckt. Da ich Omi im Nebenzimmer nicht noch mehr stören wollte, raste ich regelrecht die Treppe hinunter ins Wohnzimmer. Meine Eltern standen wie gebannt vor dem Fernseher, mein Vater legte nur den Finger auf den Mund, ohne die Augen vom Bildschirm abzuwenden und nahm mich in den Arm.

Auf dem Bildschirm war ein dicklicher Herr mit Brille zu sehen, der eine Mitteilung verlas. Die Anzüge und die Umgebung ließen mich blitzschnell folgern, dass es sich um eine Aufnahme aus der DDR handeln musste.

„Privatreisen nach dem Ausland können *ohne Vorliegen von Voraus-setzungen* (Reiseanlässe und Verwandtschaftsverhältnisse) beantragt werden. Die Genehmigungen werden kurzfristig erteilt. Die zuständi-gen Abteilungen Paß- und Meldewesen der Volkspolizeikreisämter in der DDR sind angewiesen, Visa zur ständigen Ausreise unverzüglich zu erteilen, ohne dass dafür noch geltende Voraussetzungen für eine ständige Ausreise vorliegen müssen. [...] Ständige Ausreisen können über alle Grenzübergangsstellen der DDR zur BRD beziehungsweise zu Westberlin erfolgen."[56]

„Heißt das etwa ...?", hauchte ich in die Stille.

„Pst!"

Man hätte eine Nadel fallen hören können, so angespannt ruhig war die Stimmung in unserem Wohnzimmer.

Ein Journalist stellte aus einer der letzten Reihen die entscheidende Frage.

„Wann tritt das in Kraft?"[57]

„Das tritt nach meiner Kenntnis ... ist das sofort, unverzüglich!"

*Sofort, unverzüglich ...*

Ein Raunen ging durch den Saal – Totenstille bei uns zu Hause.

„Ja, mein Schatz, das heißt ...", flüsterte meine Mutter und konnte vor lauter Rührung nicht mehr weitersprechen, und mein Vater nahm nun auch meine Mutter in den Arm.

Ich war so perplex, so sprachlos und ich traute meinen Ohren und Augen überhaupt nicht. Wäre es möglich gewesen, hätte ich den Beitrag aus der Tagesschau zurückgespult, um es mir noch einmal und immer wieder anzuhören. Wenn das, was dieser Schabowski gerade gesagt hatte, wirklich stimmte, dann hieß dies: Anke war frei.

Anke.

„Oh mein Gott!", stieß ich erschrocken hervor.

„Kind, was ist denn, das ist doch alles wunderbar!"

„Ja, aber Anke weiß eventuell noch gar nichts von ihrem Glück, weil sie vielleicht unsere Nachrichten nicht empfangen kann und ..."

---

[56] Günter Schabowski, Mitglied des Politbüros des Zentralkomitees der SED auf einer Pressekonferenz am 09.11.1989. Nachzulesen unter: https://www.tagesschau.de/inland/schabowski-mauerfall-pk-101.html

[57] Ebd.

Ab diesem Zeitpunkt konnte auch ich mich vor Aufgewühltheit nicht mehr klar ausdrücken. Nur eines war klar: Ich musste ihr irgendwie sofort Bescheid geben.

„Mama, Papa, ich muss sofort telefonieren."

Leider ohne Erfolg – ich schien nicht die Einzige zu sein, die an diesem Abend versuchte, ein Gespräch in die DDR zu bekommen. Es blieb mir also nur die Hoffnung, dass sie in ihrem Teil des Landes auch irgendwie davon Wind bekommen hatten, welcher Wind der Veränderung mit dieser Nachricht über sie gerade hinwegfegte.

Ich war nun nicht mehr vom Fernseher wegzubekommen. Was interessierte mich die „Lernerei" fürs Abi, wenn die wirklich historischen, politischen Ereignisse gerade live passierten?

In der Tagesthemen-Ausgabe sahen wir sie dann: Die Bürger der DDR, die unbedingt austesten wollten, was es mit der Nachricht des Politbüros auf sich hatte. Immer mehr Menschen drängten in Berlin an den Grenzübergang Bornholmer Straße.[58]

Doch der Schlagbaum war sicher bewacht von Grenzern, die allerdings ihre Souveränität und Sicherheit etwas eingebüßt hatten. Es schien, als wüssten sie nicht, wie sie mit der Meldung umzugehen hatten. Sie warteten auf irgendeinen Befehl von oben, während die Menge immer größer wurde, anfing zu skandieren und gegen den Schlagbaum drängte.

Ich bewunderte die Leute. Denn trotz der Menschenmasse, trotz der gespannten Situation blieben alle friedlich. Es machte den Eindruck, als ob auch die Bürger der DDR nach wie vor auf das Signal von oben warteten. Doch dieses Signal kam nicht. Stattdessen konnten wir im heimeligen Wohnzimmer mit ansehen, wie sich die Grenzer miteinander besprachen und scheinbar in einer Art bewusster

---

[58] Tagesthemen vom 09.11.1989, http://www.tagesschau.de/multimedia/video/video-38263.html

Kurzschlussreaktion das taten, worauf alle 28 Jahre gewartet hatten:

Sie öffneten die Grenze.

Ich vergaß fast zu atmen, und Tränen liefen mir über das Gesicht, als ich die jubelnden und glücklichen Menschen sah, die direkt um ihre und in die Freiheit liefen. Zu dritt standen wir vor unserem kleinen Fenster zur Welt, unserem Fernseher, und konnten erleben, wie eine friedliche Revolution zum Erfolg führen konnte. Wir weinten, hielten uns an den Händen, bis wir von oben ein erbostes Rufen wahrnahmen.

Öffnung des Grenzübergangs Bornholmer Straße am 9.11.1989

Omi hatten wir bei aller Euphorie völlig vergessen. Ich eilte zu ihr hinauf und drückte sie so fest, dass sie gar nicht wusste, wie ihr geschah.

„Mein Kind, was ist denn passiert?"

„Stell dir vor: Die Grenze ist offen!"

„Welche Grenze?"

„Na, die Grenze zwischen der DDR und der BRD! Omi, sie haben es geschafft. Die Bürger der DDR haben es geschafft, jetzt wird alles gut!"

Meine Großmutter schluckte. Und dann rannen auch bei ihr die Tränen. Bei allen furchtbaren Entwicklungen und Nachrichten auf dieser Welt und bei aller Trauer, die sie in ihrem Leben durch den Krieg hatte erfahren müssen, war das eine Nachricht, die zum einen sie, aber auch ganz Deutschland in einen Glückstaumel versetzte. Um null Uhr waren alle Grenzübergänge von Ost nach West geöffnet. Als kurz darauf tanzende und feiernde Menschen auf die Mauer am Brandenburger Tor kletterten und das Bollwerk, der „antifaschistische

Schutzwall" fiel, war uns allen klar, dass mit diesem 9. November wieder einmal ein neues Kapitel in der deutschen Geschichte aufgeschlagen wurde – und ich durfte an diesem Freudentag Zeitzeugin sein.[59]

## Ein Mauerspecht in Berlin – November 1989

„Wir müssen nach Berlin!"

„Das verstehe ich ja, aber beruhige dich erst einmal."

Wahrscheinlich war ich zu aufgeregt, um meine Forderung gelassen auszusprechen, und mein mittlerweile fester Freund Andreas spürte, dass ich es kaum noch aushalten konnte und am liebsten sofort nach diesen Wahnsinnsereignissen in Berlin selbst dorthin gefahren wäre. Ich wollte mir verdammt noch mal auch ein Stück dieser Mauer abklopfen, die die Menschen in Ost und West und damit auch Anke und mich so lange getrennt hatte. Und so machte ich Pläne, denn wenn ich mir einmal etwas in den Kopf gesetzt hatte ...

Am liebsten hätte ich natürlich Anke dort direkt an der Mauer getroffen, hätte mit ihr gemeinsam den Beton zerschlagen, der unsere Länder und seine Menschen 28 Jahre getrennt hatte. Ich wollte mein Mauerstückchen mit nach Hause nehmen und als Mahnmal für immer aufbewahren. Aber Anke war nicht zu erreichen, telefonisch gab es einfach kein Durchkommen. Also fuhren wir einfach los und machten uns an einem Freitagabend auf zu einer langen Fahrt nach Berlin.

---

[59] Der 9. November ist in der deutschen Geschichte ein historischer Tag: Ausrufung der ersten Republik am 09.11.1918, die Reichspogromnacht als einer der finstersten Tage deutscher Geschichte am 09.11.1938 und nun der Glückstag durch den Fall der Mauer am 09.11.1989.

Dossenheim, 20.11.1989

Liebe Anke,

ich bin immer noch ganz überwältigt von den Ereignissen, die die letzten zwei Wochen über uns hereingebrochen sind. Leider habe ich es nicht geschafft, Dich telefonisch zu erreichen, aber am Freitagabend sind wir mit unserer Clique nach Berlin gefahren. Ja, stell dir, vor, ich war in Berlin. Und was soll ich Dir sagen? Es war unglaublich. Aber von vorne. Wir sind abends um 22 Uhr hier los gefahren – es war schon ein ganz seltsames Gefühl für mich, als wir an die Grenze kamen. Eure Grenzsoldaten haben gar nicht so viel kontrolliert, wie wir es erwartet hatten, und es war auch jede Menge los. Ein bißchen überfordert schienen sie mir schon. Auf jeden Fall ließen sie uns fahren und so holperten wir mit unserem Fiat Uno auf euren Autobahnen entlang. Mein Freund war ganz schön genervt, weil er sein Auto „liebt" und ständig Angst hatte, es ginge irgendetwas kaputt. Als wir auf der AVUS[60] ankamen, bemerkten wir, wie der Verkehr zunahm, obwohl es nachts um fünf gewesen ist. Ich kämpfte mit meiner Straßenkarte, aber mit Heidelberg ist ja diese Stadt nicht vergleichbar. Wir versuchten auf den Ku'damm zu kommen, was uns nach einer Irrfahrt durch West-Berlin auch gelang. Es war mittlerweile 7 Uhr morgens und der Ku'damm war – voll … ja, er war voll mit Menschen, ich hatte mir das so nicht vorgestellt. Und wir kamen auch nur im Schneckentempo voran, weil so viele Trabis unterwegs waren, die nicht richtig vom Fleck kamen. Du weißt sicher, warum. Und dann sind wir Richtung Mauer gefahren. Die Straße des 17. Juni war eine Katastrophe und des-

---

[60] Die Automobil-Verkehrs- und Übungs-Straße im Südwesten Berlins, 1921 eröffnet, war die erste ausschließliche Autostraße Europas.

*Dank der vielen Mauerspechte zerfiel der „anti-imperialistische Schutzwall" in kürzester Zeit.*

halb stellten wir irgendwo unser Auto ab, um dann zu Fuß weiter zu gehen. Als wir uns der Mauer näherten, spürte ich ein solches Herzklopfen und dann konnte ich es kaum glauben: Da standen Hunderte von Menschen und klopften mit ihren Hämmern Stücke aus der Mauer. Andreas und die anderen waren ebenfalls dabei mitzuklopfen, während ich immer noch andächtig und in Gedanken versunken da stand. Anke, es war wie im Traum. Dieses Bollwerk fiel tatsächlich, es wurde ausgehöhlt und ich stand direkt davor. Thomas drückte mir dann irgendwann den Hammer in die Hand und dann haute ich so was von drauf, das war wie ein Befreiungsschlag. Ich habe ein kleines, feines, hellblaues Stückchen herausgeschlagen, es sieht aus wie der Himmel, durch den mein kleiner Luftballon vor 12 Jahren zu Dir geflogen ist.

Nun bin ich wieder zu Hause, habe quasi nicht geschlafen an dem Wochenende und bin müde und glücklich. Jetzt wird alles gut, Anke, alles wird gut. Wann kommst Du mich besuchen? Komm bald!

Steffie

# Allerlei Herausforderungen stehen vor der Tür – Januar 1990

Dennschütz, 10.1.1990

Hallo Steffie!

Nun hat der Alltag wieder angefangen und die schönen Feiertage sind vorbei. Nächste Woche fahren wir zu meinen Verwandten nach Hessen. Wir wollen uns dort mal ein wenig umsehen, wie es mit Arbeit und Wohnung ausschaut.

Ich meine, in dieser relativ kurzen Zeit werden wir ja nichts direkt festmachen können, aber wir informieren uns wenigstens mal gründlich, vielleicht bleiben wir am Schluß doch noch in der DDR. Es hat sich ja hier in der letzten Zeit sehr viel verändert, aber irgendwie hat man das Gefühl, daß es nicht richtig weitergeht. Manchmal könnte man denken, bestimmte Leute wollen versuchen, alles so zu lenken, wie es vor Oktober 1989 war. Vor allem ärgert mich, daß einige noch nicht im Gefängnis wohnen, wo sie ja eigentlich hingehören. Da brauche ich bloß an Erich Honecker denken, der ja wegen seiner Krankheit nicht eingesperrt werden kann, obwohl es gibt ja auch ein Gefängniskrankenhaus. In seiner Herrschaftszeit wurde ja auch nicht gefragt, wer nun gerade krank ist und wer nicht. So, jetzt bin ich wieder bei der Politik angelangt. Es ist schlimm, aber bei uns sind jetzt viele Leute „erwacht" und interessieren sich für Politik, ist ja auch interessanter geworden.

Hast Du nicht mal Lust zu einem Besuch bei uns? Es ist ja jetzt sehr viel einfacher geworden, man kann es kurzfristig entscheiden. Leider kann man jetzt kaum noch in die BRD bzw. von Euch zu uns telefonieren, es ist ja alles so überlastet. Aber wenn Du Lust hast (natürlich sind Deine Eltern auch ganz herzlich eingeladen!!) uns zu besuchen, dauert ein kurzer Brief auch nicht lange.

Kannst Du Dich noch an unser Gespräch in Dresden beim Mittagessen im „Szeged" erinnern? Da haben wir Deutschland vereinigt, vielleicht ist es bald Wirklichkeit, ich hätte nie gedacht, daß das so schnell gehen könnte. Trotzdem darf nichts überstürzt gehen, aber die Aussicht auf ein einheitliches Deutschland ist schon gut.

Für heute war's das erstmal. Ich wünsche dir viel Glück und viel Wissen bei deinen Abiprüfungen nächste Woche!

Anke

Das Abitur klopfte in der Tat immer lauter an meiner Tür, allerdings ging es Omi immer schlechter und die Situation belastete uns alle schwer. Sie konnte mittlerweile das Bett nicht mehr verlassen und jeden Morgen und Abend kam jemand von der Sozialstation, um uns bei der Pflege zu unterstützen. Da sie im Kopf noch glasklar und ihr sicherlich ziemlich langweilig war, klingelte sie mit einem Glöckchen nach uns, das wir ihr auf den Nachttisch gestellt hatten, damit sie nicht dauernd rufen musste. Mit dem ständigen Klingeln im Ohr, versuchte ich mich, auf mein Politik-Abi vorzubereiten.

Unser ursprüngliches Schwerpunktthema „USA und Sowjetunion – Systeme im Vergleich" war ja nun so mir nichts dir nichts der historischen Wirklichkeit zum Opfer gefallen. Es war verrückt: Das, was wir noch vor einem Jahr im Fach Politik als Fakten gelernt hatten, gehörte nun der Geschichte an. Ob sie die Abiturklausuren noch angepasst hatten? In der DDR stürmten sie die Stasi-Zentralen – und wir wussten nicht, was sie uns im Abitur fragen würden ... Keiner wusste so genau, was auf uns zukam.

Immer öfter flüchtete ich vor der Situation zu Hause zu Andreas. Doch auch er wohnte ja noch bei seinen Eltern und mit dem Lernen klappte es dort auch nicht besonders gut. Zu Claudi konnte ich mittlerweile nicht mehr, denn seit wir uns letzten Sommer wegen Andreas verkracht hatten, hörten wir wenig voneinander. Und da sie mit ihrer Familie nun schon seit einiger Zeit nicht mehr neben uns wohnte, sondern ins Neubaugebiet in den anderen Teil unseres Dorfes gezogen war, sahen wir uns nur noch selten. Manchmal vermisste ich sie – gerade jetzt, wo ich das Gefühl hatte, alles bräche über mir zusammen: das Abi, Omis Krankheit, der Druck meiner Eltern, die mehr und mehr an den Rand ihrer eigenen Kräfte gelangten. Gott sei Dank hatte ich meinen Freund, der mir Halt und Kraft gab; auch wenn er bei der „Lernerei" keine große Hilfe war und er nicht immer Verständnis dafür hatte, dass mir momentan nicht so sehr nach Schwimmbad-Club war.

Wenn ich einmal mehr ziemlich traurig an einem Freitagabend zu Hause blieb, weil wir uns deswegen gezofft hatten, war es Omi, die mir Trost spendete. Ich konnte mir überhaupt nicht vorstellen, wie es sein würde, wenn sie nicht mehr da wäre ... und ertappte mich dabei, mich immer öfter mit dem Gedanken an ihren Tod auseinanderzusetzen.

### Ein Leben geht zu Ende – April 1990

Es waren nur noch wenige Wochen, dann hätte ich die Schulzeit endgültig hinter mich gebracht. Nach den schriftlichen Prüfungen im Januar verlief das letzte Schulhalbjahr relativ entspannt. In Politik diskutierten wir fast nur noch aktuelle Entwicklungen in den beiden deutschen Staaten. Nachdem die „Allianz für Deutschland"die Wahlen in der DDR gewonnen hatte, stand einer Wiedervereinigung nichts mehr im Weg.[61] So viele Fragen brannten uns auf den Nägeln: *Was*

---

[61] Erste und letzte freie Wahl zur Volkskammer der DDR, Sieger wurde die „Allianz für Deutschland", zu der sich die ostdeutsche CDU, der Demokratische Aufbruch (DA) und die Deutsche Soziale Union (DSU) unter Unterstützung von CDU/CSU aus Westdeutschland zusammengeschlossen hatten. Nachzulesen unter: http://www.bpb.de/politik/hintergrund-aktuell/202873/letzte-volkskammerwahl

*würden die Menschen in der DDR nun tun? Würden sie alle in den Westen gehen? Wie standen sie zur zügigen Wiedervereinigung? Wie würde sie sich auf die Wirtschaft und das Sozialsystem auswirken? Was würde mit dem Geld geschehen? Gab es Errungenschaften der DDR, die vorbildhaft übernommen werden könnten?* Ich versprach meinem Kurs, Informationen aus erster Hand herbeizuschaffen, nämlich von Anke.

Dennschütz, Ostern 1990

Hallo Steffie!

Heute kann ich Dir endlich schreiben, wo Du Dein Geburtstagsgeschenk herbekommst. Die Bekannten von meinen Eltern hatten dieses Wochenende Besuch aus Rauenberg (muß gleich bei Heidelberg sein) und sie haben es Dir mitgenommen. Wenn Du es Dir evtl. abholen könntest? Ich hoffe, dass es dir ein wenig gefällt, trotzdem Du schon so lange darauf warten mußtest. Ja, in Deinem Brief hast Du ja ziemlich viele Fragen gestellt, die ich Dir jetzt beantworten werde.

Ich glaube, das Interessanteste für Dich ist, daß wir in der DDR bleiben wollen. Wir haben gestern den Brief in den Briefkasten gesteckt, wo wir die Wohnung absagen. Hoffentlich machen wir es richtig. Der Wahl-Sieg der Allianz hat uns ein wenig überrascht, auch wir haben erwartet, daß die SPD mehr Stimmen erhält. Trotzdem waren wir sehr glücklich darüber, wir haben ja auch, wie Du ja weißt, die Allianz gewählt.

Daß die schnelle Vereinigung auch Schattenseiten mit sich bringt, ist uns eigentlich klar. Für uns ist es ja erst einmal ein Riesenproblem, daß wir in Kürze sehr viele Arbeitslose haben und daß einige soziale Dinge wegfallen werden. Es werden jetzt in jedem Betrieb die Verwaltung und überflüssige Arbeitskräfte abgebaut. Da ich ja nun auch ausgerechnet in der Verwaltung arbeite, kann

Der Wahl-Sieg der Allianz hat uns ein wenig überrascht, auch wir haben erwartet, daß die SPD mehr Stimmen erhält. Trotzdem waren wir sehr glücklich darüber, wir haben ja auch, wie Du ja weißt, die Allianz gewählt. Am Montag nach der Wahl haben wir auf Arbeit gleich mit Sekt angestoßen. Daß die schnelle Vereinigung auch Schattenseiten mit sich bringt ist uns eigentlich klar. Für uns ist es ja erst einmal ein Riesenproblem, daß wir in Kürze sehr viele Arbeitslose haben und daß einige soziale Dinge wegfallen werden. Es wird jetzt in jedem Betrieb die Verwaltung und überflüssige Arbeitskräfte abgebaut. Da ich ja nun auch ausgerechnet in der Verwaltung arbeite, kann ich doch früher oder später mit der Entlassung rechnen. Allerdings hoffe ich, daß ich meine Arbeit bis zum Studium im September behalte. Aber in den Betrieben, wo mit abgebaut wird sieht es ja noch gut aus. Schlimmer ist es, wenn die Betriebe ganz geschlossen werden. Ich denke ja, daß es im Süden sowieso besser aussieht, denn wir haben hier ja mehr Industrie-

*sorry*

Im Norden wird es wohl dann noch schlechter mit Arbeitsplätzen aussehen. Was bei uns ja eigentlich nicht ganz so schlecht ist, ist daß Muttis ihre Kinder in Kindereinrichtungen geben können. Nun gibt es ja auch die Diskussion, daß die Kinderkrippen (für Kinder bis 3 Jahre) wegfallen sollen. In gewisser Weise bin ich dafür. Natürlich dürfen nicht alle wegrationalisiert werden, & ich denke in Zukunft werden viele ihre Kinder länger zu Hause lassen, wenn es finanziell möglich ist. Wenn ich sehe, wie oft meine Kolleginnen mit ihren kleinen Kindern krank sind, dann ist das schon ziemlich schlimm. Einmal die Kinder sich in der Krippe ja auch sehr schnell gegenseitig anstecken und die Erzieherin muß ja auf viele Kinder aufpassen und nicht nur auf eins, es leidet also auch ein wenig die Erziehung der Kinder darunter. Auf der anderen Seite hat die Krippe ja auch Anreize Vorteile. Aber damit will ich Dich jetzt nicht länger belästigen. Was ist denn Deine Meinung zur Währungsunion? Es stehen dazu ja auch jeden Tag andere Spekulationen in der Zeitung. Ich will mir hoffen, daß unsere Löhne nicht

*Auszug aus einem vierseitigen Brief von Anke*

ich doch früher oder später mit der Entlassung rechnen. Allerdings hoffe ich, daß ich meine Arbeit bis zum Studium im September behalte. Aber in den Betrieben, wo nur abgebaut wird, sieht es ja noch gut aus. Schlimmer ist es, wenn die Betriebe ganz geschlossen werden. Ich denke ja, daß es im Süden sowieso besser aussieht, denn wir haben hier ja mehr Industrie. Im Norden wird es wohl dann noch schlechter mit Arbeitsplätzen aussehen.

Was bei uns ja eigentlich nicht ganz so schlecht ist, ist, daß Muttis ihre Kinder in Kindereinrichtungen geben können. Nun gibt es ja auch die Diskussion, daß die Kinderkrippen (für Kinder bis 3 Jahre) wegfallen sollen. In gewisser Weise bin ich dafür. Natürlich dürfen nicht alle wegrationalisiert werden, aber ich denke in Zukunft werden viele ihre Kinder länger zu Hause lassen, wenn es finanziell möglich ist. Wenn ich sehe, wie oft meine Kolleginnen mit ihren kleinen Kindern krank sind, dann ist das schon ziemlich schlimm. Zumal die Kinder sich in der Krippe ja auch sehr schnell gegenseitig anstecken und die Erzieherin muß ja auf viele Kinder aufpassen und nicht nur auf eins, es leidet also auch ein wenig die Erziehung der Kinder darunter. Auf der anderen Seite hat die Krippe ja auch ihre Vorteile. Aber damit will ich dich jetzt nicht länger belästigen.

Was ist denn Deine Meinung zur Währungsunion? Es stehen dazu ja auch jeden Tag andere Spekulationen in der Zeitung. Ich will nur hoffen, daß unsere Löhne nicht abgewertet werden. Besser wäre, daß die Sparguthaben ab einer gewissen Grenze so lange eingefroren werden, bis unsere Wirtschaft so gut ist, daß auch diese Gelder umgetauscht werden können. Ich bin ja gespannt, was bei der Währungsunion nun wirklich herauskommt.

So, genug der Politik. Gestern waren Rico und ich bei meinen Großeltern. Meinem Opi geht es überhaupt nicht gut. Nun, hoffentlich wird es besser.

So, ich wünsche Dir, Deinen Eltern, Andreas und Deiner Oma ein schönes Osterfest und einen fleißigen Osterhasen.
Deine Anke

„Stefanie, los, beeil dich! Ihr fahrt doch heute zum Bundesverfassungsgericht und wenn du weiter so trödelst, kann ich dich nicht mitnehmen."

Mein Vater schaute nur kurz in mein Zimmer und verschwand, um sich selbst für die Arbeit zu richten. Aber mir war heute Morgen so komisch zumute, dass ich nicht „in die Puschen" kam. Ich hatte mich auf den Ausflug zwar gefreut, aber so richtig freuen konnte ich mich in den letzten Tagen ohnehin nicht mehr. Gerade hatte mir Anke vom schlechten Gesundheitszustand ihres Opas geschrieben und auch meiner Omi ging es sehr schlecht. Sie hatte in den letzten Wochen massiv abgebaut: Ohne Morphium ertrug sie die Schmerzen nicht mehr und konnte sich überhaupt nicht mehr bewegen. Der Krebs hatte nun vollends von ihr Besitz ergriffen und raubte ihr die letzten Lebenskräfte, die sie bis vor Kurzem mit aller Gewalt noch hatte aufrechterhalten wollen. Seit ein paar Tagen lag sie nun in einer Art Wachkoma, und der Hausarzt schaute regelmäßig vorbei, um ihr eine Spritze zu geben, die die Lungenflüssigkeit abfließen ließ, damit sie nicht erstickte.

„Schatz, kommst du?"

Aber ich hatte mich noch nicht weiter fortbewegt und stand nachdenklich und in mich gekehrt in meinem Zimmer. Langsam ging ich, noch im Schlafanzug, die Treppe hinunter und mein Vater sah mich erstaunt an, als er mich so sah.

„Was ist los?"

„Ich kann nicht mit."

Ein Schweigen entstand und beide, Mama und Papa, sahen sich verständnisvoll an und sagten ausnahmsweise einmal nichts.

„Ist schon in Ordnung. Aber rufe bitte jemanden an und sag Bescheid."

Meine Mutter konnte meine Gefühle nachvollziehen, ohne dass ich mich erklären musste. Das machte es mir einfacher. Am Telefon sagte ich meiner Freundin, ich sei krank, da ich keine Lust auf ein längeres Gespräch hatte. Dann setzte ich mich an den Frühstückstisch und trank eine Tasse Tee, die mir meine Mutter reichte.

„Ich habe das Gefühl, dass ich sie heute nicht allein lassen kann", erklärte ich Mama leise.

„Das verstehe ich. Ich gehe auch nicht arbeiten."

„Wann kommt der Arzt?"

„Dauert noch ein bisschen."

Als der Arzt schließlich bei uns eintraf, untersuchte er meine Großmutter. Mit ernsthaftem, sorgenvollem Blick kam er zu uns in die Küche.

„Sie sollten jetzt Ihren Mann anrufen."

Wir wussten beide, was dieser Satz zu bedeuten hatte.

Ich hatte nur noch wenig Zeit, mir zu überlegen, ob ich dabei sein wollte, wenn meine über alles geliebte Omi von uns ging. Ursprünglich hatte ich einmal gesagt, dass ich sie lieber so in Erinnerung behielt, wie sie war, so lebendig; aber das war sie mittlerweile ohnehin nicht mehr und ich hatte sie so lange auf ihrem Weg begleitet, dass ich nun auch in ihrer letzten Stunde bei ihr sein wollte.

Als mein Vater eintraf, dauerte es nicht mehr lange, bis der Arzt uns ins Zimmer holte. Er selbst zog sich zurück und ließ uns mit ihr allein. Da lag sie – ganz ruhig – und als hätte sie nur darauf gewartet, dass ihre Liebsten alle da waren und sich an ihrem Bett versammelten, atmete sie ihren Atem aus.

Es war still.

Außen und innen.

Der Tod kam ganz leise und sanft und erlöste sie.

Bevor die ganze Familie bei uns eintrudelte, nutzte ich die Gelegenheit, mich von Omi allein und gebührend zu verabschieden. Ich saß an ihrem Bett, hielt ihre Hand und unterhielt mich mit ihr. Erzählte ihr alles, was ich ihr noch sagen wollte, und war sicher, sie hörte jedes Wort und lächelte. Mit der Schwester der Sozialstation wusch ich sie ein letztes Mal, wir zogen ihr ihr Lieblingsnachthemd an und legten ihr den Rosenkranz in die gefalteten Hände.

*Stefanie und ihre geliebte Omi (Collage)*

Als die Sargträger kamen, entfernte ich mich. Ich hatte mich verabschiedet. Und *verlassen* hatte sie mich ja nicht. Ich war schon an diesem Tag sicher, dass sie mir als Schutzengel immer zur Seite stehen würde.

## Unsere Einheit – seit Oktober 1990

Dossenheim, 6.10.1990

Hallo Anke,

was für ein Jahr! Hast Du die Feierlichkeiten zum Tag der Deutschen Einheit im Fernsehen verfolgen können? Als Bundespräsident Richard von Weizsäcker beim Festakt sagte, wir erlebten diesen Tag „als Beschenkte. Die Geschichte hat es diesmal gut mit uns gemeint …"[62], mußte ich ein paar Tränen verdrücken. Beschenkte. Ja, genauso empfinde ich das auch. Hoffentlich flip-

[62] Zitiert aus der Tagesschau vom 03.10.1990. Nachzulesen unter: https://www.tagesschau.de/multimedia/video/video779450.html

pen jetzt nicht alle aus vor zu viel Nationalstolz. Es war schon ein Riesenschritt für die DDR, der Bundesrepublik beizutreten.[63] Meinst Du, wir werden diese Herausforderung meistern?

Du weißt, ich bin keine CDUlerin und Helmut Kohl hat euch ein riesiges Versprechen gemacht: „blühende Landschaften"[64], meinst Du, das geht so schnell? Im Moment sind wir alle natürlich glücklich, daß wir es geschafft haben, die Einheit zu vollenden, aber wir haben uns ja lange darüber unterhalten, als wir euch in diesem Jahr besuchten, wie es nun nach dem „Rausch" wohl weitergehen wird.

Trotzdem bin ich an diesem 3. Oktober der glücklichste Mensch der Welt gewesen, denn das, wofür wir so lange gekämpft haben, ist endlich Wirklichkeit geworden. Wir leben nun tatsächlich in EINEM Land. Schade, daß meine Omi diesen Tag nicht mehr miterleben konnte. Aber Du hast sicher gespürt, wie sich meine Eltern gefreut haben, als wir im Sommer bei euch waren. Es war schön zu sehen, daß nicht nur wir beide dieses Stück Weg gemeinsam gegangen sind, sondern auch unsere Familien. Und nun können wir uns also besuchen, wann immer wir wollen. Ich wünsche mir sehr, daß wir auch in Zukunft den Kontakt so halten wie wir es die letzten 13 Jahre getan haben.

Ich habe gerade mein Studium in Heidelberg begonnen und mich für Germanistik, Geschichte – und Politik eingeschrieben, darauf freue ich mich am meisten, das dürfte Dich nicht überraschen.

---

[63] Am 23.08.1990, um 2:47 Uhr, beschloss die Volkskammer in einer turbulenten Sitzung den Beitritt der DDR zur Bundesrepublik am 03.10.1990.

[64] Helmut Kohl verwendete den Begriff in seiner Fernsehansprache zur Einführung der Währungs-, Wirtschafts- und Sozialunion am 01.07.1990: „Durch eine gemeinsame Anstrengung wird es uns gelingen, Mecklenburg-Vorpommern und Sachsen-Anhalt, Brandenburg, Sachsen und Thüringen schon bald wieder in blühende Landschaften zu verwandeln, in denen es sich zu leben und zu arbeiten lohnt."

Nun werde ich mich auch in meinem Studium intensiv mit unseren Systemen beschäftigen und mit unserer jüngsten Geschichte. Was hast Du nun vor? Wirst Du im Westen studieren? Ich bin gespannt, wie es mit uns weitergeht.
Liebe Grüße von Deiner Schwester
Steffie

Es war schon verrückt. Nach dem Fall der Mauer, der Öffnung der Grenzen und der „Herstellung der Einheit Deutschlands"[65] und dem ersten großen Familientreffen unserer beider Familien 1990 in Meißen sahen wir uns nicht viel öfter als in den Jahren zuvor.

Während ich in Heidelberg geblieben war, zog Anke nach Leipzig und begann dort ihr Studium der Betriebswirtschaft. Jede baute sich als junge Erwachsene ihr eigenes Leben auf – Studium, Beziehung, Job – und unsere Zwanzigerjahre schienen geradezu wie im Flug vorbeizugehen. Computer und Internet hielten langsam Einzug, aber wir beide hielten an unserer Brieffreundschaft fest. Wir schworen uns, nicht auf den neuen Zug aufzuspringen, sondern den guten alten Brief als *unser* Kommunikationsmittel zu wahren. Dennoch ertappten wir uns dabei, dass unsere Briefe nun viel kürzer wurden als früher, dass wir als erwachsene Frauen in diesem vereinigten Deutschland plötzlich weniger Zeit hatten, und so beschränkte sich unser Kontakt für einige Jahre auf Geburtstagskarten und Urlaubsgrüße. Die Zeit ging ins Land. Hochzeit, Kinder und berufliche Herausforderungen sollten unser Leben prägen und begleiten und so sahen wir uns einige Zeit nicht – bis ein Anruf unsere Geschichte wieder lebendig werden ließ.

„Hallo Steffie, hier ist Anke."

Ich wohnte mittlerweile in Karlsruhe, während Anke mit ihrem Mann und ihren beiden Kindern in Leipzig lebte.

[65] So lautete der offizielle Titel des Einigungsvertrags vom 31.08.1990.

„Anke, wie schön, dich zu hören – wie lange ist das her?"

„Ja, da hast du recht. Irgendwie vergehen die Jahre und ..."

Sie stockte.

„Gibt es einen besonderen Grund für deinen Anruf?", fragte ich vorsichtig, da ich ihre Unsicherheit bemerkte.

„Ja, ich denke, du solltest Folgendes wissen: Mein Bruder hat seine Stasi-Akte[66] angefordert. Darin ist auch von uns beiden die Rede."

Ich war verblüfft. Natürlich wusste ich, dass die 1990 gegründete Gauck-Behörde[67] alles dafür tat, die Akten und Dokumente der Stasi zu erforschen und aufzuarbeiten, aber ich hatte gar nicht mehr daran gedacht, dass auch über meine ostdeutsche „Familie" mit Sicherheit eine Akte angelegt worden war.

„Wow! Das ist ja interessant. Und, was steht drin?"

Anke machte eine bedeutungsschwangere Pause.

„Alles."

„Wie, alles?" Ich konnte mir nicht genau erklären, was Anke damit meinte.

„Ach, Steffie, es ist furchtbar." An ihrer Stimme merkte ich, wie aufgewühlt sie war. „Ich konnte schon an der Akte meines Bruders ablesen, dass sie uns die ganze Zeit beobachtet haben. Ich will gar nicht wissen, was dann in meiner Akte steht."

„Du hast auch eine Akte? Ja, logisch hast du auch eine Akte, entschuldige, das war blöd von mir. Hast du sie denn schon angefordert?"

„Ach, Steffie, ich schaffe das nicht. Ich will eigentlich die Vergangenheit ruhen lassen. Ich habe Angst davor, wer mein ..."

---

[66] Die Unterlagen des Ministeriums für Staatssicherheit der DDR, die seit der Wende eingesehen werden können

[67] BStU: Behörde des Bundesbeauftragten für die Unterlagen des Staatssicherheitsdienstes der ehemaligen Deutschen Demokratischen Republik; nach ihrem damaligen Leiter Joachim Gauck benannt (ab 2000 Marianne Birthler, seit 2011 Roland Jahn).

Das Sprechen fiel ihr schwer und so vollendete ich für sie.

„ ... wer dein IM gewesen ist. Meinst du das?"

„Ja", antwortete sie leise und ängstlich. „Weißt du, in der Akte meines Bruders stehen so viele Dinge, die nur Leute gewusst haben können, die uns wirklich nahestanden. Und unser Luftballon, der Kontakt zu dir, der wurde schon bei ihm ständig erwähnt. Steffie, sie wussten einfach alles."

*Der Luftballon.*

Ich war wie versteinert. Wie intensiv hatte ich mich in meinem Politik- und Geschichtsstudium mit der neuesten Geschichte und damit auch mit der Aufarbeitung der DDR-Geschichte auseinandergesetzt! Ich wusste viel von der Arbeitsweise der Stasi, und mittlerweile war uns allen in Ost und West klar, dass der Geheimdienst der DDR einfach über alles Bescheid gewusst hatte.

„Das heißt", begann ich vorsichtig zu analysieren, „wenn sogar der Luftballon erwähnt wird, haben sie uns von Anfang an im Blick gehabt. Sie wussten, wie kritisch wir waren! Daher kam die Erpressung, dass du den Kontakt in den Westen abbrechen solltest, und deswegen keinen Ausbildungsplatz für Mikroelektronik bekommen hast. Und im Sommer 89 keinen Ferienplatz am Balaton ..."

„Ja, ich denke schon. Aber allein die Vorstellung, dass jemand, der mir sehr nahestand, mich über Jahre hinweg bespitzelt hat, macht mich so traurig und ängstlich, dass ich nicht in der Lage bin, mir meine Akte anzusehen. Ich hoffe, du hast dafür Verständnis."

Lange noch, Jahre danach, dachte ich über Ankes Entscheidung nach. Wie hätte ich reagiert? Einerseits war da die unglaubliche Neugier, die mich geradezu dazu gedrängt hätte, endlich alles wissen zu wollen. Andererseits konnte ich nachvollziehen, dass man erst einmal einen Schlussstrich ziehen wollte unter die Vergangenheit – oder die Angst vor menschlicher Enttäuschung und Vertrauensverlust einen übermannte.

*Besuch bei Anke in Leipzig 2006*

Wir beließen es dabei, obwohl es mich unglaublich interessiert hätte. Wir begannen, uns wieder öfter zu treffen, zu telefonieren, zu schreiben. Und selbst, wenn wir uns nicht so häufig sahen, so wussten wir, dass da die andere war, zu der wir eine Verbindung fürs Leben hatten. Und wenn wir uns trafen, dann war sie vorbehaltlos wieder da: diese Vertrautheit – und dieses Vertrauen, das für immer etwas Besonderes bleiben würde.

Im Februar 2015 erfuhr ich davon, dass auch Stasi-Akten über West-Kontakte angelegt worden waren. Außerdem drang 25 Jahre nach der Wende langsam durch, dass es bei Kontakten zwischen BRD- und DDR-Bürgern auch im Westen Bespitzelungen durch den BND gegeben hatte. Diese Akten liegen bis dato unter Verschluss.

Heute – ein Vierteljahrhundert nach dem Ende der DDR – sind wir so weit: Wir beide, Anke und ich, haben beschlossen, einen Antrag auf Akteneinsicht zu stellen. Gemeinsam werden wir nach Berlin fahren. Wir wollen Klarheit haben, wollen wissen, was sie gewusst haben. Wir stellen uns dieser Freiheitsverletzung, die der Kalte Krieg und die Teilung Deutschlands zwei Mädchen angetan haben, die nur eines wollten: befreundet sein. Unsere Geschichte jedoch, vermeintlich festgehalten in der „Akte Luftballon", werden wir dort nicht finden, denn sie umfasst so viel mehr, als eine Akte je fassen könnte.

*Freundinnen fürs Leben*

# Epilog

Als am Abend des 9. November 2014 anlässlich des 25-jährigen Jubiläums des Mauerfalls Luftballons in den Berliner Himmel stiegen, saßen in Leipzig und Karlsruhe zwei erwachsene Frauen an ihren Fernsehapparaten, waren über das Telefon miteinander verbunden und weinten gemeinsam Tränen der Freude.

Entlang der ehemaligen Mauerlinie waren Luftballons aufgestellt worden, die bei Einbruch der Dunkelheit, versehen mit einem persönlichen Wunsch, von ihren „Paten" nach und nach in die Freiheit entlassen wurden. Zu spät hatten wir von dieser Aktion an der „Lichtgrenze" erfahren. Welche Patinnen wären wir gewesen für einen solchen Ballon: zwei Mädchen, deren kleiner gelber Luftballon einst zum Schicksal ihres Lebens geworden war und ihnen so viel Freude, Weitsicht und eine lebenslange Freundschaft geschenkt hatte! Die Geschichte unserer Freundschaft hätte an diesem Feiertag symbolisch *noch einmal* in den Himmel steigen können, denn sie ist eine der Geschichten, die das geeinte Deutschland 25 Jahre danach braucht. Ein Deutschland, das sich auch heute noch vielen Herausforderungen stellen muss, welche die Wiedervereinigung mit sich gebracht hat. Die Euphorie der ersten Jahre und die „blühenden Landschaften", die Helmut Kohl damals versprochen hatte, sind einer anderen Realität gewichen. Allem voran stellt sich jedoch die Frage, wann wir es endlich schaffen werden, die Trennungen in Ost und West *in unseren Köpfen* aufzuheben. Mein Traum ist, dass wir diese Spaltung endgültig überwinden, nicht nur, weil wir alle *Bürger dieses Landes* mit einer bewegenden beziehungsweise bewegten Geschichte sind. Wir sind noch mehr: Wir sollten uns endlich alle als *Europäer* fühlen, denn durch die Wiedervereinigung konnte auch eine Einigung dieses uns kulturell so verbindenden Europa stattfinden, das in Zukunft seine kulturellen und geistigen Errungenschaften der letzten Jahrhunderte zu wahren sowie allen globalen Herausforderungen standzuhalten nur in der Lage ist, wenn wir endlich aufhören, uns in nationalstaatlichem Kleingeist zu ergötzen.

Diese Welt, in der wir einerseits mehr vernetzt sind als je zuvor und immer näher aneinander heranrücken und die andererseits internationale und sogar globale Lösungen für ihre komplexen Probleme braucht, macht uns jeden Tag klar, dass wir letzten Endes alle *Weltbürger* sind, die die Aufgabe haben, unsere Erde auch für nachkommende Generationen zu schützen und zu bewahren. Dass wir *Menschen* sind, für die aufgrund unserer Erfahrungen Solidarität, Freiheit und Frieden die Werte sein sollten, die unser Handeln im Kleinen wie im Großen bestimmen. Davon träume ich. Dafür stehe ich ein – weil ein kleiner Luftballon mir den Weg dahin zeigte.

# Schlusswort

Seit 1977 verbindet mich mit Steffie eine großartige und innige Freundschaft. Ich bin Anke, „aus dem Osten", aufgewachsen auf einem Bauernhof in der Nähe von Meißen, der wie alle landwirtschaftlichen Betriebe in der DDR Teil einer LPG war. Eines Tages brachte mein Opa einen Luftballon mit einer Postkarte daran mit nach Hause, den er auf einem Feld gefunden hatte. Da mein älterer Bruder keine Lust zum Schreiben hatte, durfte ich antworten. Gemeinsam mit meiner Mutter verfasste ich den ersten Brief: Sie schrieb vor und ich übertrug alles in meiner schönsten Schrift auf Briefpapier – und meldete mich so bei dem unbekannten Mädchen. Das war der Beginn meiner Freundschaft mit Steffie „aus dem Westen".

Mir und uns war es schon immer ganz egal, woher die andere stammte. Wir freundeten uns an – trotz der Grenze zwischen uns, des sogenannten „antiimperialistischen Schutzwalls" –, und wir mochten uns so, wie wir waren: zwei Mädchen, die sich einander anvertrauten, zusammen groß wurden, sich Briefe, Postkarten und Päckchen schickten. Diese Päckchen sind mir in besonderer Erinnerung. Manchmal überlegte ich, was für ein Glück ich hatte, dass mir jemand, der mich nicht persönlich kannte, so schöne Geschenke machte.

Einige Male luden wir Stefanie und ihre Familie zu uns ein, doch leider klappte es nie mit dem Besuch. Die Enttäuschung war jedes Mal groß. Als Stefanie uns (noch als Grundschulkind) eines Tages zu sich einlud, wollten meine Eltern nicht einmal versuchen, einen Besuchsantrag einzureichen, da es aussichtslos war. Ich war sauer – und wurde gleichzeitig immer neugieriger auf das andere Deutschland, das ich aus Steffies Briefen und aus den Erzählungen unserer Verwandten kannte, die uns oft besuchten: Was war so toll an diesem anderen Deutschland, dass ich dorthin nicht reisen durfte, weil der Staat dachte, ich käme nicht zu meinen Eltern zurück?

Als Stefanie mich Ende Oktober 1988 zum ersten Mal besuchte, erzählte ich ihr in Dresden von meinem Scheitern in Sachen Ausbildungs- und Studienplatz. Dieses Erlebnis hatte mich zum ersten Mal in meinem jungen Leben in der DDR an eine wirklich harte Grenze gebracht (abgesehen von der realen Staatsgrenze): Man wollte mich nicht ausbilden und nicht studieren lassen, wenn ich nicht wollte, was an dieser Stelle von mir verlangt wurde: Parteizugehörigkeit, Linientreue, Abschottung vor dem „imperialistischen" Westen. Dass ich sowohl den Kontakt zu meiner Westverwandtschaft als auch zu meiner Freundin Steffie abbrechen sollte, erschien mir so offensichtlich ungerecht und empörte mich in seiner Deutlichkeit dermaßen, dass ich nicht einen Moment lang zögerte: Das kam für mich nicht infrage.

Im Kopf sind wir all die Jahre, in denen wir Freud und Leid miteinander teilten, einen gemeinsamen Weg gegangen – und doch haben wir beide natürlich unterschiedliche Lebensläufe, die auch von den Rahmenbedingungen unserer beiden deutschen Länder mitgeprägt wurden. Dennoch hielten wir unser ganzes Leben zusammen – bis heute. Und wir teilen das tiefe Verständnis, dass wir immer füreinander da sein werden.
*Anke Behrendt*

25 Jahre Mauerfall, Berlin, 2014: An der ehemaligen Mauer zwischen Ost- und Westberlin steigen am Abend des 9. November Luftballons, die zuvor an der ehemaligen Mauerlinie eine Lichtgrenze markiert haben, in den Himmel und lösen damit die Grenze symbolisch auf.

# Danksagung

Dieses Buch ist mein Herzensprojekt. Deshalb ist es mir ein großes Anliegen, folgenden Menschen besonders zu danken:

Meiner „Schwester" Anke Behrendt für die jahrelange und andauernde Freundschaft, der alle Grenzen dieser Welt nichts anhaben konnten.

Meinen Eltern, die mir ihre Liebe schenkten, und unseren beiden Eltern, die uns unterstützten, die zu uns standen, die mit uns litten und sich mit uns freuten.

Meinem Lebenspartner Manfred Weigel für die Liebe und den Beistand, die es mir immer wieder ermöglichen, meine Träume zu leben.

Meinen beiden anderen „Lebensfreunden" Nicole Weiß und Stephan Fischer für die Freundschaft und die Verbundenheit seit unserer Kindheit.

Meiner Schauspielkollegin Annelie Eichhorn-Pezzi, die mit mir gemeinsam das Theaterstück „Akte Luftballon" entwickelt hat und mich immer wieder antrieb, dieses Buch zu Ende zu bringen.

Meiner Lektorin Eva Römer, mit der die Zusammenarbeit nicht besser und schöner hätte laufen können: Ihr fantastischer kritischer Blick, ihre Geduld und Akribie und ihr Mit(er)leben waren so wichtige Meilensteine bis zu dieser wunderbaren Endversion.

Meiner ersten Lektorin Barbara Glauning und meiner Verlegerin Elisabeth Sandmann, die an mich glaubten und mir ihr Vertrauen schenkten.

Meiner Freundin Franziska Schäffler für das unerbittliche Korrekturlesen sowie Jutta Speidel für die wichtigen Impulse.

Allen Menschen, die mich auf diesem Weg bis hierher begleitet haben, die ein Teil dieser Geschichte sind. Ihr seid mir unendlich wichtig und habt meine Lebensgeschichte so besonders gemacht.

Ohne Ankes Opa und ohne den Luftballon hätte es diese Geschichte nicht gegeben. DANKE!

Mit Ankes Opi 1988 in Dennschütz

## „Akte Luftballon" – das Theaterstück von Stefanie Wally und Annelie Eichhorn-Pezzi

„Akte Luftballon" gibt es auch als Schauspiel. Für das Theaterstück wurden drei Geschichten miteinander verwoben: die Brieffreundschaft zwischen Stefanie Wally und Anke Behrendt sowie die Biografie von Annelie Eichhorn-Pezzi, die als überzeugtes Sozialistenkind in Erfurt aufgewachsen ist. Stefanie Wally und Annelie Eichhorn-Pezzi haben das Stück, das im Juli 2016 im Kulturhaus Osterfeld in Pforzheim

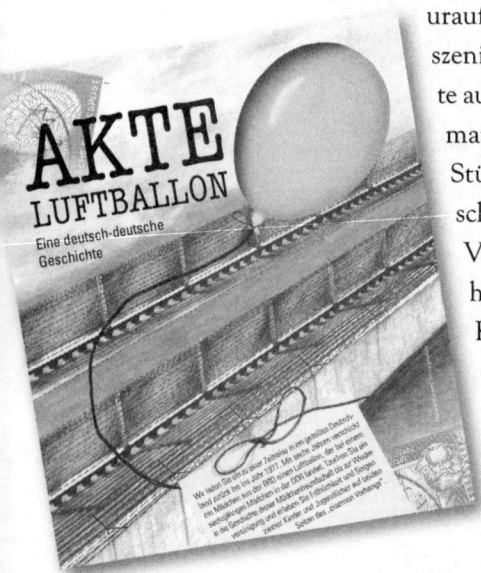

uraufgeführt wurde, gemeinsam entwickelt, inszeniert und selbst gespielt. Durch Originalzitate aus dem Briefwechsel, mit historischem Bildmaterial, Requisiten und Musik wird dieses Stück zu einem Dokument deutscher Zeitgeschichte.

Veranstalter: Amateurtheaterverein Pforzheim e. V. & Kulturhaus Osterfeld Pforzheim

Kontakt:

Stefanie Wally: info@stefanie-wally.de

Annelie Eichhorn-Pezzi:

annelie.eichhorn-pezzi@web.de

Im Vorfeld wurden Persönlichkeiten aus Politik und Gesellschaft um Statements zum Stück und zum Thema dieser besonderen deutsch-deutschen Geschichte gebeten, hier einige Stimmen:

„Annelie und Stefanie sind als Kinder höchstunterschiedlich aufgewachsen. Eine in der DDR, die andere in der BRD. Aber beide waren Kinder, beide hatten Wünsche, Träume und zeigten Neugierde. Sie haben sich entschieden, zusammen ein Stück zu schreiben, in dem es um eine Freundschaft zwischen zwei Mädchen mit so unterschiedlichen Lebensbedingungen bis zum Fall der Mauer geht. Wer die Deutsche Einheit wirklich will, muss gerade über solche Möglichkeiten nachdenken, schreiben und uns alle zum Nachdenken anregen ..."

*Dr. Gregor Gysi, MdB, Die Linke*

„Das Theaterstück ‚Akte Luftballon' ist ein Stück für die Menschlichkeit. In einer Zeit, in der verunsicherte Menschen voller Vorurteile – die Gruppe der Ewiggestrigen – wieder nach Mauern schreien, verstehen es Annelie Eichhorn-Pezzi und Stefanie Wally, die Geschichte zweier Mädchen in einem geteilten Land, einem geteilten Europa, facettenreich und spielerisch umzusetzen sowie die politischen Systeme kritisch zu beleuchten. Sie zeigen mit der Aufarbeitung ihrer eigenen Geschichte eindrucksvoll, was es bedeutete, Freiheit nur überaus eingeschränkt leben zu können. Dies gelingt ihnen ohne einen erhobenen Zeigefinger, sie überzeugen durch die glaubwürdige Darstellung aus einer kindlichen und jugendlichen Betrachtungsweise heraus. Dadurch können gerade junge Menschen für die geschichtlichen und politischen Themen deutscher Geschichte erreicht und zum eigenen Engagement motiviert werden. Ziel aller Bemühungen muss sein, Menschen stark zu machen für Eigenverantwortung und Solidarität. Der Kampf für Gerechtigkeit lohnt sich – denn wer nicht kämpft, hat schon verloren ..."

*Rita Süssmuth, Bundestagspräsidentin a.D., CDU*

„Lang ist es her, die Zeit, in der es eine DDR gab und ‚West'-Deutschland, als Deutschland also durch eine Mauer mit Stacheldraht getrennt war. Schauerlich. Unvorstellbar. Aber Gott sei Dank Geschichte ... Mit ‚Akte Luftballon' arbeiten Annelie Eichhorn-Pezzi und Stefanie Wally auch ein Stückchen eigene Geschichte auf. Aber hat uns diese Geschichte heute überhaupt noch etwas zu sagen? ... Ich glaube, dass Geschichte viel mehr ist als eine bildungsbürgerliche Notwendigkeit. Geschichte ist eine Chance, uns daran zu erinnern, was Menschen Menschen antun können. Wozu wir in der Lage sind und wie schnell wir uns unter repressiven Bedingungen anpassen, aber auch unseren Mut und unseren Anstand finden und verteidigen. Und das ist eine Lehre auch für heute ... Das kann uns sensibilisieren, für unser Zusammenleben heute und die Gefahren, die immer wieder für die Menschenrechte drohen."

*Roland Jahn, Bundesbeauftragter für die Stasi-Unterlagen (gekürzt)*

„Zwei großartige Frauen, zwei großartige Geschichten deutscher Geschichte, ein Vorbild für Toleranz und Menschlichkeit, viel Erfolg!"

*Jutta Speidel, Schauspielerin*

„Es ist gut und notwendig, wenn Ost- und West-Deutsche sich ihre jeweiligen Lebensgeschichten erzählen. Das dient dem wechselseitigen Verständnis, weil es Verwandtes und Ungleiches in den Biografien sichtbar macht und dadurch gerechtere, weil differenziertere Urteile erlaubt – gegen allzu scharfe (Vor-)Urteile ..."

*Wolfgang Thierse, Bundestagspräsident a. D., SPD*

Wir möchten, dass die „Akte Luftballon" einen aktiven Beitrag zur lebendigen Auseinandersetzung mit der deutsch-deutschen Geschichte leistet. Deshalb ist es uns ein großes Anliegen, mit Menschen aller Generationen in Austausch zu gehen - vor allem mit der Jugend, die ihr Wissen nur noch aus Geschichtsbüchern erhält. Deshalb spielen wir unser Stück in anderen Städten, auf Bühnen und in Schulen, gerne auch mit anschließendem Zeitzeugengespräch.
Stefanie Wally und Annelie Eichhorn-Pezzi

© Elisabeth Sandmann Verlag GmbH, München
1. Auflage 2016
ISBN 978-3-945543-20-7
Alle Rechte vorbehalten

Abbildungen: Presse- und Informationsamt der Bundesregierung: 155, 163; Lehtikuva: 157; MDR: 159; Regina Schmeken/Süddeutsche Zeitung Photo: 184/185; Bianca Meier und Jasmin Stieber: 190/191; alle übrigen Abbildungen privat.

Titelgestaltung: Teresa Lehmann, Illustration: Max Bachmeier
Gestaltung, Satz und technische Umsetzung: Sabine Dohme
Herstellung: Peter Karg-Cordes
Druck & Bindung: Pustet, Regensburg

Besuchen Sie uns im Internet unter
www.esverlag.de